Escritos Azules

Escritos Azules

Poemas, reflexiones y canalizaciones
Sole Sanjurjo

Sole♥REIKI

Sanjurjo, María Soledad

Escritos azules: poemas, reflexiones y canalizaciones / María Soledad Sanjurjo- 1a ed.- Ciudad Autónoma de Buenos Aires: María Soledad Sanjurjo, 2020.

200 p.; 22 x 15 cm.

ISBN 978-987-86-7269-4

1. Poesía Argentina. 2. Poesía. I. Título.
CDD A861

Primera Edición. Diciembre 2020
ISBN 978-987-86-7269-4
Copyright @ María Soledad Sanjurjo
Editado por María Soledad Sanjurjo
Foto de portada Fernando Byk

Sole♥REIKI

https://solereikiangelico.home.blog/
https://www.facebook.com/sole.reiki.angelico/
soledadsanjurjo@hotmail.com IG @sole.reiki.angelico
Impreso en U.S.A. por Amazon KDP

ÍNDICE

Acerca de mí 11

Prólogo 13

La lectura oracular 15

Poemas 17

Niña Azul 19

Cuadernos rotos 33

Sueños 41

La mirada 44

Noviembre 45

Memoria 46

Llamas gemelas 48

Poemario 53

Vivir sin poesía 54

Apostillas 55

Epílogo 62

Reflexiones y canalizaciones 63

Reiki 65

Meditación 83

Tarot 89

Registros akáshicos 123

Energías astrales 135

Y algo más… 157

Mensajes oraculares 171

Facundo 197

Agradecimientos 199

A Facundo

"you may say I'm a dreamer
but I'm not the only one"

Yoko Ono & John Lennon

Acerca de mí

Sol en Acuario. Luna en Libra. Venus en Capricornio. Ascendente en Piscis. Dibujando claves de sol en el viento. Dejando corazones en la arena. Guiándome por las altas vibraciones. Conectando con mi llama y almas gemelas. Transitando libre en este mundo.

Podría contarte que desde pequeña escribo poesías como un impulso y un dictado del inconsciente. Podría relatarte el paso por la universidad que cambió mi vida o cómo me licencié en una actividad que me fue funcional mientras tuvo que serlo o cómo llegué a Reiki y sus métodos de sanación. Podría narrarte cómo aprendí que la meditación diaria clarifica la visión de las cosas o cómo comprendí que las cartas, los oráculos y el Tarot son una herramienta más de canalización de mensajes para orientar las decisiones de la vida. Podría escribir líneas y líneas recorriendo 41 años de historia. O podría, simplemente, mostrarte estos textos que son el único punto importante en este momento de reconocimiento y de reencuentro.

Somos conexión de almas consteladas vibrando y manifestando en el todo de nuestro universo. Por eso te invito a que nos enfoquemos en el presente y a que recorramos juntos este libro.

Acerca de mí, acerca de él, acerca de nosotros en estas páginas complementariamente terrenales y eternas.

Hoy puedo decir orgullosa de mí
que mirando la luna
he comprendido apenas algo:
algo acerca de la impermanencia.
He soltado al viento todas las expectativas
y he amanecido en un presente de felicidad.

Prólogo

ño 2007. Compartía mis poemas en el foro "El Balcón de Poesía" bajo el seudónimo Ninia Azul. El intercambio con almas afines a la escritura motivó mi deseo de compilar y publicar los escritos. La administración de los recursos económicos personales y las prioridades cotidianas me llevaron a postergarlo. Mientras tanto, subía los textos al sitio Blogger con la expectativa de que en un futuro cercano vieran la luz en una edición clásica de papel.

Por pereza o por resignación, fui dejando de lado el sueño y enfocando mis energías en cuestiones diarias. El proyecto quedó literalmente encajonado. En el transcurso del 2019 decidí abrir los registros del pasado. Solté al universo los papeles y las preguntas. Y pronto vi el camino.

La escritura siempre ha sido un recurso fundamental en mi vida. Mi interés por las prácticas de auto conocimiento me ha llevado a transitar un camino de resignificación de la palabra escrita como recurso de trabajo. Escribir comenzó a ser la herramienta básica de expresión, de inspiración y de comunicación con Guías, Maestros, receptores y consultantes. El uso del lenguaje se me reveló como canal y manifestación de la energía del universo.

Siempre obedecí los dictados del corazón a la hora de transcribir palabras en el ordenador o en un cuaderno, pero la canalización me ha ayudado simplemente a enfocar este trabajo como un don y ofrecerlo como un aporte. Aporte que busca estar en sintonía con la recepción y la transmisión de mensajes de alta vibración para el trabajo espiritual.

Hoy compilo estos poemas, reflexiones y canalizaciones (algunos inéditos, otros publicados) a modo de cierre de una etapa y apertura de otra. Es mi deseo que al adentrarnos en ellos las aguas se aquieten y nos guíen a tierra firme. Alguna vez, alguien me dijo que las regresiones son positivas porque nos permiten tomar impulso. Difícilmente vuelva a expresar la nostalgia, la melancolía y la inocencia de los primeros escritos, pero esta puerta abierta de conexión es para mí un salto cuántico. Salto evolutivo en mi presente que, con un pie en el futuro, da lugar a nuevas palabras que vienen a plasmarse en el papel.

Bienvenidos a mi pasado, a los registros de una década de Escritos Azules y demás poemas. Bienvenidos a mi presente de escritura oracular revisada y corregida.

Bienvenidos a mi futuro: pueden seguirme y acompañarme día a día en mi blog "Reiki, Meditación y Tarot. Reflexiones y canalizaciones."

2007-2017

https://www.blogger.com/profile/03702322275488902692

http://niniazul.blogspot.com/

http://cuadernosdeninia.blogspot.com/

http://niniaensuenios.blogspot.com/

2018-actual

https://solereikiangelico.home.blog/

https://www.facebook.com/solereikiangelic/

https://www.facebook.com/sole.reiki.angelico/

https://www.instagram.com/sole.reiki.angelico/

La lectura oracular

Primero aparece la sensación y luego, su reconocimiento. Finalmente, la necesidad de encontrar palabras que reflejen el sentido. La intensidad aumenta y la expresión del lenguaje es un hecho. El estallido de luz nos conecta a un otro en frases consonantes y disonantes. La intelectualización deviene en comunicación. Y esa es la génesis de los relatos tanto orales como escritos.

Este libro en particular compila relatos que son espejo de instantes de amor y de soledad, de hielo y de fuego, de brisa y de huracán. Podés optar por abordar los escritos linealmente de principio a fin siguiendo el orden cronológico en que fueron expuestos. O podés hacerlo de manera oracular. Esta experiencia te ayudará a conectar con lo esencial de la escritura y con el tiempo no lineal que la trasciende. El poder de las palabras radica en llegar a tus manos y a tus oídos en el tiempo y en el espacio exacto en que necesitás escucharlas.

Abrí aleatoriamente el libro dejándote guiar por tu intuición. Pedí un número al universo y visitá la página correspondiente. Recibí a corazón abierto los mensajes que están disponibles para vos.

Poemas

2007-2017

Niña Azul

no tan distantes

si me dejas ser
orgullo distraído
seré leve cuento de vigilia

en piedras escribiré mi nombre
en el agua clara
mi fotografía

si me dejas ser
y callas tus labios de noche
como iluminada por soles

el aura radiante
besaré a la luna
seré tu guía

seré tu brisa
en esta tierra sin norte
nací en esas horas

bajo la estrella equivocada

si me dejas
seré

mi yo vive oculto
en tu lejanía.

sinsentido

hoy

vivir
es mirar tus ojos
una tarde más
y perderme
en el día a día

sin proyectos ni estrategias

hoy

vivir
es rescatar con inocencia
un suspirar inmóvil

encontrarme
sinsentido en tu presencia.

refugio

a pesar del sonido incómodo
de las gotas pesadas
y el golpeteo amargo en el vidrio rajado

esa sensación de refugio aún me basta
para sentirme segura en la noche
intermitente

de sombras chinescas
vagos pensamientos
y velas devotas

al santo olvidado.

convivencia

en qué consiste
la competencia humana
sino en reconocer lo que nos atormenta
en qué consiste
sino en rescatar de las heridas
los sonidos más profundos
que hablan de uno mismo

obtener espacios
delimitar territorios

en qué consiste
ser humano
cuando expandirse es su esencia
en ese espejo de similitudes
que sos vos y que soy yo
las diferencias nos definen
nos confrontan

tiramos la piedra
huimos

hoy quiero decir que podría
vivir sin ver los roces
ser egoísta
pero voy a suspender las palabras
afinar la escucha
detener la mirada

en el agua en el fuego
en la tierra en el aire
encontrar en ese espacio frágil
la alquimia de la convivencia.

la espera

sólo palabras
cristales de ayer
tímidas y distraídas ingenuas y errantes

sólo palabras
frágiles y etéreas
de sueños perdidos y de melancolía

palabras solamente son las melodías
que escriben mis labios
fríos y tenues

en esta espera
sólo palabras
miradas y suspiros

quiebran la distancia
redimen
nuestra soledad.

vuelo de mariposa

de la repetición inalterable
a la continuidad efímera
un latir imperceptible en la brisa de abril

colores en el aire
la magia de un instante

yo sólo observo.

seudónimos y ocultamientos

alguna vez
vestiré ante ti la máscara social
más noble que me han inventado
te daré la mano convincente

recitaré mi nombre inscripto
en la legalidad

hoy
pretendo conocernos en letras de sentido

nos diferencian los modos
y desacuerdan las opiniones
no voy a levantar banderas
no voy a edificar un muro más

no voy a pronunciar un sello
que no he elegido
no voy a sumar soledad
sencillamente

a la distancia que define
nuestra humanidad

exijo
que me veas como soy
como quiero que me veas
en este universo inhóspito

ya habrá fiesta de máscaras

hoy
creemos nuestras propias reglas.

dificultades

difícilmente

       pueda encontrar
en la sordidez de cubiertos
y de platos sibaritas
en el brindis de copas de plata
y de aniversarios

la serenidad de un segundo
la calma
de tus ojos espías

       pueda evadir
en el simulacro sincero
de las horas cotidianas
el deseo confuso silencio
que nos une frente a frente

       pueda evitar
en los minutos agobiantes
la lucidez de esta distancia
el vacío incómodo
de relatos y de palabras
que inundan el espacio

entre la gente
se ahoga mi esperanza
el deseo sublime de resucitar
en tus brazos
       mi sueño muerto
manifiesta en tu mirada

cuando
       simplemente
rescata mi vida tu estar.

soledad

herida mi alma
inquieta
por saberme sola bajo los escombros

luego del temblor
la calma
y ni un suspiro enamorado

sólo voces
llantos en ojos
que no ven resucitar cenizas

seducido mi cuerpo
fatigado por el abandono
respiro polvo

y me vuelvo sombra
cuando sólo me salva
ser fotografía

en una billetera gastada de dolor.

pensar olvidarte

un silencio y recuperar tus labios
tu presencia una vez más

tenerte frágil
a mi lado sueño descalzo

pronunciar tu nombre en tu compañía

elegir ser en vos que seas en mí
nuevamente

cada vez que digo adiós
cada nuevo día.

primavera

deshojar las flores pálidas del invierno
tictac agotador que avanza con la despedida

respirar el aire
cubierto de pájaros errantes

lejos del dolor y del sentimiento

la razón más ingenua
motiva el alma bajo la lluvia

el impulso primario
migrar por supervivencia.

lo que he buscado
lo que he escondido
a través de mis sueños y tu vigilia

lo que he soñado
lo que he temido
a través de estas noches y la habitación dormida

es solamente la nada
que transcurre por días y meses

desvelos de ingenuidad y de besos

en estos años
oxígeno y fuego que nos liberan.

víctima animal

brillo de luz afilado en la tarde
la cuchilla blanca sobre la carne
sin esperanzas

brota inocente
la negra sangre
sin latidos

donde el silencio se expande
el poder por voluntad divina
o el juego incesante de la supervivencia.

El hombre despedaza al animal que nadie recuerda
y hoy lo alimenta.

el navegante

decenas de soles he contado
castillos de arena
nubes deformes

decenas de lunas he despertado
soñando mediodías
faros inútiles

decenas de brisas he soñado
en tu ser
mi rumbo perdido

he demorado en tus ojos golpeada de tormenta
he descubierto en tu calma mi playa de abrigo

hoy
rompen olas que distancian

decenas de estrellas han sumado
encanto de cielo dormido
mientras las últimas gotas de lluvia

rozan cálidas primaveras
y extiendo al viento
decenas de velas sin norte ni esperanza

digo adiós por siempre
risa de caracoles
no miro atrás

decenas de pájaros manchan la esfera celeste
sentí que soltabas sin prisa
la última amarra.

la cruzada

sé que te debo
más que una sonrisa
bajo la lluvia y bajo mi paraguas

sé que te debo
más que una palabra
por caer vencida de promesas hirientes

no hay deuda mayor que esta distancia
no hay asfixia mayor que el remordimiento

sé que te debo
más que una disculpa
por no cargar tu bandera
y ser soldado de las circunstancias

sé que te debo
bajo la tormenta

una sonrisa más.

tu nombre

tras el velo del deseo
en el nombre de la libertad
me encadené a tu templanza
y recité mil plegarias

encendí diez mil velas
a la prosperidad y a la trascendencia
ahogué cien mil súplicas
en lágrimas sinceras

en las cadenas de la ilusión
anclé tu perfección

soy luz por tu dicha

soy
la máxima expresión de mi ser
devastada en tu nombre.

desfile centenario

en la diversidad conmemora
el orden sin prisa
la risa pálida
el clown irritable

revienta en parches la marcha
al compás del taconeo
estrellado silbido
exclama seguridad

nunca pude ver el mar en sus ojos de cielo
pero bastó un instante
para tomar su fotografía.

retro invierno

cuando no alcanza
la mirada piadosa
la moneda sincera

la brisa es frío
penetrante en huesos
y herida el alma sin agua caliente

cuando no alcanza

queda la noche
desvelando el día
espera la muerte en la vigilia

hoy no es invierno
pero de ignorancia
cargado el aire
me quiebro de angustia
me ahogo de exceso

sin combustión.

noches pequeñas

comencé buscando en la memoria
de tus ojos
las razones extranjeras
de tu omnipotencia

detrás del espejismo
hallé escusas evidentes

antes que la luz matutina
tiña mis pupilas
podré suspirar un reproche
por última vez

flota
el polen de las flores

que ha dejado tu escape.

Cuadernos rotos

decires

no quiero escribir más que no te tengo
porque esta distancia es extraña
y efímera tu presencia

no quiero escribir más
porque no te tengo
y esta enfermedad que corre por mi sangre

es solamente
unas palabras y un deseo

no quiero escribir más

para qué simplemente
suspender lo inevitable
con unas líneas

que describen mi pena
y alimentan tu risa.

donde no estás

es comenzar

sílabas acompasadas
de un respirar jadeante
aniquilado

el andar sereno
la continuidad del día
donde el silencio se expande en la sonoridad
agotada

un repetir normativo
de rituales interminables

lo mismo da que hoy sea lunes
si no voy a tener tus ojos
si voy a conformarme con desafiar a mi ego

nuevamente
quemar mis pupilas
en el brillo de un suspiro

de una estela de perfume decorado

lo mismo da
si voy a compartir en soledad
una escena de artificio

porque no estás.

aquello que llaman esperanza

no será hoy el día que viva en mí

es una noche igual
de líneas cansadas
no son deseos
son instantes resueltos en escritos azules

líneas desprolijas quiebran la linealidad del tiempo
la fragilidad de la conciencia

desesperanza repetida
una y otra vez
una noche más
bajo el mismo cielo

la mirada elevada
luces de artificio
en el silencio oscuro
revelan la muerte en vida

adivinar tu nombre en la estela de lo efímero
la provocación de la carencia
una noche igual
una copa más

adolecer a tu lado
luna compartida
sol ausente
donde muere tu ego

hoy no será el día que viva en mí

letras vacías en cuadernos rotos.

oscuridad contagia seguridad

permanecer
a escondidas hoy

luz infernal del lucero
violencia penetrante en grietas
caverna sólida maternal

continuar
titubeante de escapismo

seguridad que despierta mi necesidad

maldito el día que
descubrí tu nombre encriptado
en la estrella de mi destino

maldito el día que
aprendí a leer en los signos de piedra
la predicción de tu compañía

permanecer
en este sueño inmóvil

lejos de tu alcance
mientras me colme el aire oscuro
iluminada por tu risa

permaneceré aquí
mientras seas fuera

conozco el lugar
donde quiebra mi identidad
conozco el vértigo.

arenas del recuerdo

nada de lo que imaginé
se asemeja a lo real
ni tus ojos
ni tu voz
ni esta presencia ausencia
que nos sostiene en el pasado

el vidrio que refleja este instante
se quiebra en siete años
siete espejos
derrumban
mi sueño
mi estrategia

bifurca hoy mi vida
lazos de amor en palabras de tormenta
sé que lloro
lágrimas de piedra
y mi memoria inestable
pronto se hará trizas

piedras con signos
predicen

piedras que serán arenas definen los días.

vanidades

toqué la piedra y rozaron mis dedos
cristales añicos
lágrimas negras en mi piel gastada

en el paladar blanco
sabor amargo
partir y no decir

toqué la piedra y se deshizo en el viento
el aniversario rasgado
la vasija hecha polvo

polvo que me ahoga
palidez de tu rostro
quebrada vigilia

inútil vanidad.

muerte sin resurrección

bastarán dos días
para que regrese el alma a su morada
de fruta y de miel
ardida de tanto fuego
de mar y de sal

bastarán dos lunas
y un manto de pétalos de tierra
secará las llagas
sangrará
quebrada mi piel de lluvia

lejos de mi ser
buscaré olvidarte
pronunciar por última vez tu compañía
y no tendrás nombre
bastarán dos soles

la tinta azul
que sabe mis versos
diluida en el espanto
flotará con aroma a rosas
no desearé tus besos

no desearé tu encanto
bastarán dos suspiros
y el dolor de tus ojos
teñirá
dulce ámbar

el aire que respira ausencia
bastarán dos sueños
pero no serán suficientes.

quien cree en el destino

algunas sensaciones dejaron tus rastros
algunos silbidos en la brisa de enero

tenues latidos y el amanecer por derrumbarse
la risa marcada por la violencia del día

algunas palabras flotando en burbujas
para niñas distraídas con un sueño en la piel

algún llamado del destino nos cruza constante
tal vez mañana

mientras te conozco
desde ayer.

    es tu voz eco
    de mi última risa
    es tu piel oxidada
    sincera despedida

    puedo decir que tus labios quebrados
    escapan a mi intención de astucia
    puedo decir que abandono
    en tu escape

    mi necesidad
    en tu voz eco
    mi enmudecida plegaria
    en tu piel escamas

    mi última mirada.

Sueños

destellos de luz

I

encontrarte a mi lado
tibio recuerdo
cuando se oculta mi mente
y la luna se revela
en este cielo lejano

sueño simple de ausencia
que es al fin un encuentro
sin decir
más que ideas vagas
luces extranjeras

melodía de espera

no soy quien dice poesía

no soy quien dice palabras mudas.

II

más real que la brisa
la sensibilidad onírica
tu mano tibia
mi compañía

más cruel que la tormenta
la libertad de perderte al día
tus ojos en blanco y negro
cotidiana ausencia.

III

luces y voces
brotan de infancia
desploman techos

relámpagos inertes
estrellas y soles
de paciencia y de pesadilla

profundidad
rescata olvidos
cruel inocencia.

IV

no hay lluvia
no hay gotas en el vidrio empañado

no hay silencio
sólo
distraídas pupilas ocultas

murmura penumbras un sol hiriente
cortinados rústicos
el calor que ahora roza

la piel cansada
de tanto llorar ausencias
inmune desvelo

donde no hay gotas
evapora miedos
la estrella de las tempestades.

V

muero un poco
en mis olvidos
cada vez
que resucito

cenizas blancas ciegas al día
sólo sombras
muero un poco
en este amanecer de siempre

resucito
con el soplo matutino
en la tristeza soberbia
de pie

soy libre
lejos de las imágenes construidas
bajo la estela lunar.

VI

escapando a los
sentidos normativos

destellos
oculta la luz blanca

enmudece
enceguece

más que sílabas rechinan los dientes
silban canciones

proyecciones
de otras esperas

que no son las de hoy.

La mirada

somos condenados indagando el mundo

donde nace la gracia y la esencia
reconstruimos el tiempo
deliberando en segundos
aires de furia y de rodeos
transportando la espera con vanidad

somos individuos desconociendo el día

reciclando estrellas
en un manto cotidiano
la ley y el orden
atracción de deseos
constelando la reencarnación

somos hasta el amanecer candiles

somos notas de humo gris

antes del tiempo
la felicidad
fuera del concepto y el lenguaje
antes del ser
donde no somos lo que buscamos

regresamos.

Noviembre

vuelve del pasado
esa sensación amarga que es mi miedo
a las palabras tibias y a las caricias lejanas

a la cercanía de los cuerpos que me ahogan
cuando quiero dejarlo todo
escapar del mundo y de las personas
que dan abrazos y clavan cuchillos

entonces
cierro mis ojos
por un instante sueño que te tengo
mi piel cansada se cubre con tus besos

cuando despierto
no estás conmigo
pero existe este espacio
que nos separa

existe el tiempo
que nos detiene
en cada momento que llora
cada instante que somos uno

cuando me cubres con tus alas por toda la eternidad.

Memoria

evadiendo el silencio

poesía quiebra el aire
ilumina el recuerdo
luciérnaga de noche

para él que no lee ni recita
para él que ya no escribe
escapan hoy estas sílabas al viento

un suspirar
desordenado
ilusión que mató el amor

escrito en sílabas color sepia

líneas puras de ideales perdidos
fotografías de un decir
añejado por la memoria

sílabas
mutan en el viento
esperan hacer eco a una palabra definitiva

ojos diluyen ideologías
pupilas interrogantes
roja fue la tinta que ayer escribió el sustantivo

de qué color es hoy el recuerdo
nombres en baldosas de piedra

de qué color es la lluvia
que calma la sed de los pájaros libres

de qué color el viento
que cicatriza

evadiendo el silencio
música de un latir inacabado
poesía quiebra el aire

si no comprendes
olvida.

Llamas gemelas

los años pasados

1.

antes que me ahogue en la tormenta
que la lluvia escame mi piel
voy a escribir un mensaje en la arena
un nombre que no he conocido.

2.

gotas en el vidrio empañado
gotas de marfil en tu ausencia
gotas frías de angustia
simples gotas.

3.

los días han muerto
se han hecho sombra
los pájaros han silbado la última nota gris
los ciclos lejanos se han repetido
y he dicho en silencio tu nombre otra vez

tu rostro ha sido otro
agotado por el tiempo
tus gestos simulados me han hecho recordar instantes
como en un nuevo milagro se ha iluminado mi cuerpo
y he dicho tu nombre en silencio otra vez.

4.

primero fue la brisa
luego la lluvia inocente sobre los cuerpos
después vino el viento
y arrasó fatal con el sentido

ahora es el tiempo
que se expande inconsistente
el que regla la respiración cansada
en un espacio infinito

es el pulso molesto que acelera las almas
y el temblor bajo los pies
estrellas como alfileres
sostienen el cielo vacío

cuando todo cae

se desprenden los planetas
diluvia el universo
yacemos en los escombros
de la tierra enfurecida

mis ojos ciegos sangrantes
perdidos por los golpes
engañados de esperanza
se elevan al cielo

imaginan ingenuos inmersos en el delirio
un sitio calmo y estrellado en la paz detenida

allá arriba.
5.
libérame
soy esclava de tus sueños
luz infinita que me colmas
y me transportas al inconsciente

protégeme
soy vulnerable a tus gestos
fuerza anhelante de
piedad y resurrección

escúchame
voy a hablar
en otra frecuencia en otro plano
donde sólo tú puedas oírme

y aunque te cueste sangre
te cueste misterio
podamos
reconstruir en momentos de hoy

nuestro ayer.

los instantes

6.
tu luz quema mi alma
tus ojos ciegan mi mente
el mundo se quiebra en instantes de luces y de sombras
mi vista se funde en tu cuerpo en este presente de caos

las palabras
flotan
confundidas
porque la calma reina en mis sueños

donde se expande tu luz.
7.
ahora en el silencio
tus ojos destellantes
y mi reflejo

ahora en la oscuridad
tus labios susurrantes
y mi vacío

ahora en la nada
nuestros cuerpos suspendidos
y tan sólo

en otro tiempo
atravesando la eternidad.

8.
la noche me oprime y me roba el aliento
los sonidos se agrandan
mis miedos se vuelven presencias

quisiera que la luz tenue definiera tu rostro
y el silencio opaco
el latido de tu respiración

quisiera que tu compañía
borre mis lágrimas de niña
y tus ojos reflejen los míos

en este sueño de espera
cuando estoy despierta
y aún no hay estrellas

yo simplemente quisiera.

la infinitud

9.
no sé jugar ese juego
de resentimientos y de revanchas
de ira y de necesidades
ecos del gruñido animal

no sé seguir tus pasos
por eso hablo
en un susurro
palabras que olvidé

no sé jugar ese juego
suplicando en mi afonía
el silencio del homenaje
cuando el viento roza

la placa conmemorativa.

obra suprema

10.
quien habrá guiado a los soles
en el juego astral inocente de escribir en el cielo
tu luz inmensa
y tu triste final

semblante supremo
hablar presumido de justicia
en el verano intenso
resplandeces

quien habrá ordenado el calendario
con la fecha aniversario
que hace crujir el hielo magnífico

quien habrá planeado
que en el más temido frío
quebrara el silencio de mi mundo
tu decir

estela magnífica en la negritud vacía
del sin fin de los días
resuena tu nombre

quien habrá preparado esta ausencia.

Poemario

el vacío en el blanco de la hoja
acaricia la esencia de su despedida
esta tarde de espinas y de llanto
tarde fría

excusa inspirar el aire a pulmón abierto
renovar ciclos viciados
rememorar en silencio el apego
una vez y cada vez

nació en la simplicidad del amor y
del pensamiento
cuando la música agita las cortinas
una mañana de octubre

el sol fue su testigo
la tormenta su presagio
el despertador no suena
porque su espíritu resuena

en un suspiro los años pasan
amanecer sin prisa
un hermoso día
aterrador maleficio

ironía infalible
tenue espejismo
cada aniversario.

Vivir sin poesía

hoy
he despertado en un sueño

el silencio desprende de mi cuerpo
los versos que reclaman su espacio
en el blanco del papel
versos que anhelan gritar al vacío su pesadilla

hoy
he despertado en la utopía irónica
que reclama nuevamente palabras para vestir el luto

cansada de escribir canciones
que no logran definir los días
días que son rutinas y desconocerse
días que son líneas hermanas de signos de puntuación

cansada de la búsqueda de este instante
en todos los días presentes

hoy
desperté al sueño dormido
programé mi mente y comencé recitando

la luz que espera tras las persianas bajas
el año que escapa en la más dulce estación
septiembre en el sur con su primavera
regresa mi ánimo de esperanza

desanudando silencios en el teclado

hoy
desperté a un nuevo día
sin poesía.

Apostillas

1.
amor como la brisa golpea mi rostro
tenue melodía que despierta el alma
audaz como la tormenta
cálida como soles
desprende hojas secas de la melancolía
sacude ramas de la infancia perdida
abraza el grito de mi libertad

amor como la brisa golpea mi llanto
eleva melodías de azahar
sueña
canta
vive
perfuma el aire como esperanza al viento
como esperanza que ha perdido el rumbo

que ha soñado encontrarte

amor como flor marchita
muere herido
desangrado
sin cielo
ni color.
2.
temo a los ángeles que lloran en el gris de la noche
como si fueran pájaros malditos

temo al dios que se esconde entre la brisa
como burlándose de la inocencia

temo a los espíritus de la claridad del día
como a guardianes ocultos de un falso imperio

temo el despertar de esta horrible pesadilla
como si fuera posible

descubrir que no hay ángeles
que no hay dios
que no hay espíritus

temo al mal del hombre que en su realidad
mata toda fantasía.
3.
cuando la tierra da una flor de esperanza
rezo al dios de los días y las noches
que calme la pesadilla de mi alma
para que escuche el sonido del mar

cuando el llanto ha regado la tierra
y la flor nace marchita
no hay espíritu que salve a la vigilia
de los vagos sueños de la muerte

cuando el rocío fue suficiente
para que la flor sea sana y verdadera
agradezco al cielo su don sagrado
y me echo a descansar

en las hierbas perdidas de una pradera fértil
en las hierbas siempre frescas siempre verdes
de la eternidad

cuando una vida cultiva otra vida en su vientre
rezo a los astros
y a todos los soles

que salven las almas
que salven estrellas
de las garras tentadoras de la locura.

4.
las vidas que me han dado son vidas infinitas
vidas de sangre y de muerte
vidas de dolor marchito
vidas de rencores
trágicas vidas de delirio y de tempestad

las vidas que me han dado
reencarnan en la sombra
en los ecos espejados de la comedia divina
donde no hay misterio
hablan de derrota

vidas sin esperanza que imploran salvación

de las ruinas de la noche
trajo su manto de espinas
de las ruinas de los días
vino salvo con laureles

donde nada sé le busco
porque soy sombra y ayer
porque es mi salvador
y su luz es mi poder

nada soy como la espiga
nada soy como el mar
mi alma es rosa que abriga
con su manto de estrellas universal

aunque esta noche ya no hay canto
elevo mi plegaria al cielo
haré poesía su nombre
porque las vidas que me han dado
son vidas infinitas

y se transforman en el todo de la libertad.

5.
era de día en el campo
anochecía en el mar
el viento en un eco hilaba sones
palabras perdidas de hombres errantes

luciérnagas de la armonía
ser pan cada nuevo día
ser sangre cada nueva aurora
a través del tiempo y desde el infinito

amor que lucha con la razón
navegando millas lejanas
que va al reencuentro de la luz guía
en un faro de tempestades

cada día ser cuerpo
cada aurora ser vino
resucitar
donde vibra la paz

porque creemos
sabemos.
6.
instantes secretos
escribe en sombras
mi padre inmenso

cuando no éramos ni barro
alababa
tu nombre eterno

predicaba tu lucha
rompiendo cadenas
sentencias falibles
de vida y de muerte
de sangre y de dolor

hoy
se hizo carne el pan en la tarde
de rodillas cayó el hombre ateo
muere mártir el apóstol en Roma
el caballo alado surca los mares

como quien toca la llaga
como quien cree por destino
el todo en un suspiro
no hay música donde no hay oído

no hay fe donde no hay amor.
7.
vida
sin tu música el aria más dulce se derrite en las sombras
sin tu luz el calor arde infinito hecho llanto
sin tu amor la muerte es hoy

caminante de los mares
salvador de mi alma terrena
en la penumbra

sos mi paz.
8.
hoy te soñé niño entre los árboles
pájaro errante
te creí noble mi cruel pesar

quiero un sol que queme mis ojos
para no verte cuando tu traición sea
porque eres bueno
porque eres puro

quiero que la luna no salga esta noche
para que no aclare mi vista
para que la inocencia vuele con el viento
para que la nieve enfríe mi cuerpo

para que no sienta las llamas del odio
porque eres santo
porque eres bueno como la hierba
pero te llevaste para siempre

como un ladrón de almas
mi vida gris.
9.
alabar a mi dios de los domingos
es creer en la fe ciega
es clavar con espinas mi cuerpo
es morir crucificada de dolor

alabar a mi dios de los domingos
es tatuar en el alma una frase lejana
es llorar su ausencia
temer a la sabiduría

quiero acompañar el dolor de mis hermanos
sin llorar su destino irremediable

quiero creer en las palabras sordas
que dicen que me quieres

sin cargar conmigo tu voz a cada instante
sin llorar cada vez que recuerde

que hoy amas
mañana olvidas.
10.
no te pregunto
si me quieres porque
no tengo expectativas
te quiero más allá de todo
de mi estupidez
y de tu rechazo.

11.

bailarina

la cadencia de una mirada
el ansia egoísta
la perfección de un instante
en luces cegadoras

sensualidad destila
el cuerpo agotado
la rutina hipnótica
vanidad divina

ojos negros
el alma ausente
ojos verdes
y el sacrificio

pies sangrantes
un aplauso más
unos pasos más
sólo silencio detrás del telón.
12.
suave
insiste cada mañana
su imperceptible flamear
en la brisa evidente

inmóvil vuelo de alas
uniforme planear
identidad desvanecida
de sueños perdidos

sutil discrimina
violencia y protección
eleva al cielo
una canción repetida.

Epílogo

Como hombres nos duele aceptar que somos vulnerables a lo desconocido. Primero se nos presenta el misterio. Luego, el vértigo del abismo. Frente a esto nuestros cuerpos y el deseo por comprender una verdad que sólo es eternidad.

Verdad que muchas veces es fémina inconquistable. Poder que seduce aun cuando nos evade. Nos burla y se retrae ante una sutil mirada. Verdad que otras tantas es el lado masculino que conquista. Fuerza que se expande y nos inunda con su luz.

Como hombres nos duele admitir que estamos espejando una verdad andrógina. Solos en un juego abierto a la vida. Juego que muchas veces alimenta la sed del alma. Y otras tantas, alivia la angustia del pensamiento.

Reflexiones y
canalizaciones

2018-2019

Reiki

este es tu momento

este es tu ahora

Mi fundamento de trabajo es Reiki para la sanación integral y holística. Me formé como Maestra y actualmente, continúo capacitándome y enfocándome en la mejora continua de la práctica de la terapia complementaria que me apasiona.

De manera individual y presencial, realizo sesiones, cursos e iniciaciones. Trabajo y enseño el Método Reiki de Mikao Usui, Reiki Karuna y Reiki Angélico. Me especializo en tratamientos terapéuticos complementarios a la psicología y a la medicina tradicional.

Combino la acción terapéutica clásica de la imposición de manos con armonización de chakras a través de gemas, cristales y elementos de aromaterapia. Asimismo, incorporo en las sesiones ejercicios de respiración y de meditación con el objetivo de aportar nuevos recursos al receptor.

A continuación, compilo algunas reflexiones que ilustran mi trabajo diario.

Querencia con apego y amor sin apego

decir te amo decir te quiero

por el disfrute

de lo efímero

y lo inconsistente

por cada te quiero

en esta vida

encarnada

por cada despertar

en tus latidos

por cada vínculo

que construimos

cada apego

que sana heridas

cada distancia

que nos enseña

cada te amo y sus destellos de luz.

Decir te amo es conectar el deseo a la energía universal. Es entrega. Es soltar los miedos. Es trascender la relación misma. Es superar el reencuentro físico para conectar con la unión de almas. El amor es energía inmutable. El amor es infinito. El amor está presente cada minuto, cada segundo. Desde siempre y para siempre. Por eso, decir te amo es sinónimo de estabilidad y consistencia. Es un fluir constante. El hilo rojo que nunca se corta. Es energía vibrando en desapego. Las distancias físicas y las diferencias cronológicas en tiempo y en espacio no impiden el reconocimiento del amor, sino que en muchos casos lo facilitan. El amor es energía pura. Es conexión de luz y en ese sentido es tangible. Se manifiesta concretamente en el hecho real de que podamos practicar, enviar y recibir Reiki o cualquier otra práctica energética a distancia. Reiki es energía vital. Reiki es energía que todo lo mueve. En primera y última instancia, Reiki es amor.

Decir te quiero es apostar al encuentro en esta vida encarnada. Al reencuentro en el tiempo y el espacio del mundo. Es asumirnos individuos efímeros, inconstantes, inconsistentes. Yo soy. Yo quiero. Quiero tu cuerpo y cada uno de sus surcos. Quiero tus emociones y tus pasiones. Me apego a vos. La querencia es aquello que definimos como tener piel con el otro. Sufro la distancia y siento morir en mí cada segundo que no llevo a cabo mi deseo. Cuando te quiero soy cuerpo, melancolía y nostalgia de la utopía de unión. Cuando te quiero manifiesto un reencuentro kármico de aprendizaje en lo terrenal y lo concreto. Es la protección dada y buscada.

La querencia representa la satisfacción de la necesidad. Es el deseo de realización de un vínculo primario. Es afinidad familiar. Necesita de la coincidencia de los cuerpos en un mismo tiempo y un mismo espacio. Si cualquiera de éstas dos variables no está presente se produce un sentimiento de frustración real por el desencuentro aquí y ahora. La relación se diluye si no existe esa conexión de amor que la trascienda.

Cuando amo soy alma manifestando la unión trascendente con la polaridad encarnada. Una vez que hemos conectado con la energía de amor los destellos nos guían en cada acto y comenzamos a invertir los términos. Fluimos en el amor de manera constante en todas nuestras relaciones y la querencia se vuelve una acción selectiva. El amor se manifiesta en formas insospechadas. El amor puede canalizarse en energía a un tercero uniendo tiempos y espacios. Para experimentar el amor debemos pasar por la querencia. Pero no necesariamente toda querencia deriva en amor.

Amor es energía universal. Reiki es energía vital canalizada. Cuando vibramos alto en ella sentimos su plenitud guiar nuestra percepción del mundo y las relaciones cambian. Con Reiki podemos sanar nuestro apego y nuestra querencia en la medida que ésta genera relaciones tóxicas carentes de reciprocidad. La querencia necesariamente impone expectativa, proyectos, resultados, éxitos y fracasos. Son cuestiones, eventos, situaciones terrenales que debemos trabajar desde uno mismo para ver cómo se transforma nuestro entorno.

Más allá de todo te quiero hay un te amo que busca elevar la relación al punto de liberarla de patrones y normas preestablecidas por el deber ser. Es tan simple y difícil decir te amo como decir te quiero. La diferencia no es más que el salto cualitativo del apego al desapego. Salto que nunca es definitivo en la tierra.

La evolución se manifiesta en el devenir de la vida como una frase hecha que parte de nosotros mismos. Y siempre, pero siempre, conecta con el sentido universal del latir de nuestro corazón.

Amor propio y reciprocidad

amar es dar energía a alguien más

en las pequeñas cosas

está el valor de la reciprocidad

decir no también

es sanador

Cuando el amor es recíproco manifiesta bendiciones en esta vida. El amor es posibilidad. Permite que nos enfoquemos en el presente y abre caminos al desarrollo futuro. Nos hace crecer como personas, seres individuales y sociales. Por eso es importante que analicemos y comprendamos la naturaleza propia del amor y su reciprocidad.

Cuando amar es dar nuestra energía, decir no también resulta sanador. Porque la energía que se mueve en una sola dirección intoxica.

Entonces pasa que no entendemos cómo ni por qué motivo la relación se desgasta y bloquea. El amor que no vuelve a nosotros en su misma medida es veneno para el alma. Es nuestro propio veneno. Esto sucede porque lo que damos a un otro contiene proyectos, sueños y anhelos. Nuestras expectativas que si no son recíprocas fácilmente caen en la frustración. Aprender a trabajar y canalizar la energía vital de Reiki puede ayudarnos a comprender estas situaciones de estancamiento. También puede ayudarnos a discriminar si nos involucramos dando nuestra energía a la relación o si canalizamos la energía universal de sanación a un otro.

Cuando hago Reiki soy canal de amor. Las buenas intenciones fluyen, pero no entrego nada de mí. Dejo al universo que haga su parte y hago mi parte. Fluyen los encuentros y los desencuentros en las relaciones. Todo lo que canalizo fluye a la fuente. Pero cuando doy mi amor, exijo reciprocidad. La energía se pierde sino se produce el intercambio. Como entrego mi energía personal tengo el deber de cuidarme y lo hago de este modo. La selectividad de nuestras relaciones es validada interiormente. Debemos aprender a decir no. De esta manera nos liberamos de ataduras, bloqueos, contratos y situaciones del pasado que nos manipulan. Porque muchas veces damos nuestro amor a quien no puede o no quiere darlo. Es vital trabajar para corrernos de estos lugares que dañan nuestra autoestima. Lo fundamental es enfocarnos en nosotros mismos y desarrollar el amor propio.

La mayoría de las veces este límite es difuso. Hace falta transcurrir tiempo y espacio de relación para interpretarlo. Lo importante es que el aprendizaje se transite y finalmente se alcance. De esta manera sanamos nuestro karma y permitimos que la rueda gire hacia un nuevo evento, nueva situación o nueva relación. Aunque las situaciones, los eventos o las personas no nos suelten nosotros podemos hacerlo a través de nuestro libre albedrío. Tenemos el poder en nuestras manos.

Fijar y comunicar los límites de nuestro espacio personal facilitan el proceso de soltar. Cerrar puertas, proteger nuestro corazón y ser selectivos es prioritario. En una nueva instancia podremos brindarnos a aquel que vibre en nuestro mismo lenguaje espiritual. Siempre que sigamos andando veremos que existe un ser de luz capaz de vibrar en nuestra frecuencia. Un ser capaz de responder en la misma medida al amor que damos. Un ser que colabora con nuestra evolución transpersonal desde su propia energía de amor. Lo importante es aprender a ver cada vez con más claridad que en las pequeñas cosas está el valor de la reciprocidad. Los simples gestos hacen a las relaciones sanas.

La iluminación interpersonal

desanudando

con el pensamiento

No hay mayor poder interior que identificar las propias sombras como ideas y sacarlas a la luz.

Cuando se transforma en palabras la oscuridad se expande y se ilumina. Quien trabaja en potenciarla desde el ocultamiento; quien no lucha contra sí mismo ni intenta ponerse a prueba revisando sus patrones mentales y sus creencias; quien busca confundir prácticas y lineamientos teóricos; quien fomenta la dispersión y la discordia; quien anula el intercambio de ideas propias y ajenas queda indefectiblemente solo. Es presa de sus artilugios y de su magia efímera.

Rodeado de premios y logros banales, el tiempo lo confirma en la intrascendencia de sus actos.

El rechazo de la crítica constructiva por el omnipotente sólo lleva a la indiferencia y a la neutralidad de quien se reconoce valioso, único e inmutable. El pensamiento siempre libera. Pretender detener el flujo de ideas tildando y descalificando al otro es el camino más fácil. La tentación más mundana.

Infinito amor

love

Mucho se ha escrito sobre el símbolo infinito. Hace unos años ha resurgido como imagen en tatuajes, calcos, vinilos, dibujos. Comencé a canalizarlo como símbolo en la práctica de Reiki previa iniciación en Reiki Karuna. Su morfología representada el movimiento de la energía que fluye de la luz a la sombra. De abajo hacia arriba, de arriba hacia abajo. Todo es cuestión de punto de vista.

Comprender este simbolismo me ha sido de gran utilidad para superar situaciones de estancamiento cotidiano. Nada es estático: lo que está hoy arriba mañana estará abajo y lo que está abajo estará arriba. Este aprendizaje me dio la llave para conectar con la tristeza y con los sentimientos de nuestro lado sin sol. El trabajo es aceptarlos, incorporarlos y luego, soltarlos. Los tránsitos sin luz nos paralizan. Pero sólo requieren de la inercia misma de la vida para mostrarnos que más adelante hay una lucecita tímida alumbrando la salida.

Coloqué un vinilo con esta imagen sobre una pared en mi departamento. La pared que observo antes de meditar me llama a la reflexión. El símbolo infinito dibuja una palabra en su gráfica. Parece que el fluir natural del símbolo se detiene en la palabra tan hermosa como enroscada: love.

El amor puede ser liberador de la rueda del karma. Puede discontinuar la sucesión infinita de vidas y de muertes. El amor puede ser sanador en su máxima expresión. Pero mal entendido puede resultar enroscado y laberíntico. Si love es un instante para detenerse a disfrutar nuevas experiencias será que es bien entendido. Si love detiene nuestra visión y anula nuestro entendimiento, será mal entendido.

Bien o mal entendido, también es sólo una cuestión de punto de vista.

Karuna Reiki

sanando con Reiki de la compasión

infinito amor

Hace unos días me inicié en Karuna Reiki. Los mensajes y las señales me guiaron en sincronía para indicarme el lugar y el tiempo correctos. El fluir de la energía a mi alrededor comenzó su acción sanadora de inmediato. Se orientó a trabajar cuestiones de mi personalidad como reflejo de mi nuevo ser interior. Recursos, herramientas, palabras, gestos, límites personales y profesionales evolucionaron resonando en mi espacio de conciencia diaria. Esta sintonización me ayudó a expresar y a transmitir mis intenciones con mayor fluidez y solvencia.

La sanación integral es dinámica pura. La vida es transitar un camino de evolución transpersonal. El camino es siempre todo por recorrer. No soy la misma hoy ni seré la misma en unos meses, pero en esencia soy la misma. Esa certeza de saber que todo está perfectamente alineado en una densidad superior universal es la calma misma, aunque no es sólo eso. Porque cuando comprendemos este concepto, nos trasciende. Y esto es lo que hoy necesito transmitir.

Amor Compañero

Reiki en animales

Los animales son especialmente receptivos a la energía vital canalizada con Reiki. Disfrutan mucho de presenciar sesiones para receptores humanos. También son altamente receptivos a la imposición de nuestras manos en su aura. Podemos brindarles sanación si experimentan alguna dolencia puntual o queremos simplemente mimarlos y relajarlos. De inmediato, observaremos que su conducta se volverá dócil y su gratitud será manifestada en formas diversas.

Otra alternativa para trabajar Reiki en animales es enseñarles a nuestros niños la práctica. De esta manera, ambos pueden relacionarse positivamente en el cruce casual o en la convivencia diaria.

Compartir Reiki con los animales de compañía atraerá la felicidad integral a nuestra vida. Nos ayudará a sanar con ellos. Sanar por ellos y para ellos.

Amor a distancia

¿qué es Reiki a distancia?

Sintonizando nivel 2 de Reiki enviamos energía vital a distancia. La técnica de nivel 1 de imposición de manos sobre el aura de la persona evoluciona de plano físico para canalizar energía de sanación. Enviamos de esta manera Reiki para potenciar metas, sanar relaciones, desanudar eventos traumáticos del pasado y abrir caminos en el futuro. Podemos registrar envíos con fechas relativas a exámenes, cirugías, nacimientos, cumpleaños o aniversarios.

El proceso de envío de Reiki a distancia establece la conexión entre el símbolo utilizado y el evento, la meta o la persona a través de su nombre o su fotografía. También es posible que sintonizando nivel 3 de Reiki realicemos el envío de energía de forma grupal con la red de cristales de cuarzo.

Diariamente, trabajo sobre mi energía y envío a mi red la energía canalizada. Reiki nunca hará daño alguno. Enviar Reiki es enviar amor y luz. Pero como Reiki es energía sanadora espiritualmente guiada respeta el libre albedrío de las personas. Por eso mi deseo es que estén receptivos a las bendiciones que llegan cada día en esta vida. Desde hoy y desde siempre. Que así sea.

Envío de Reiki al pasado

el día del nacimiento

happy birthday to you

El día del nacimiento es un día especial para enviar Reiki al pasado porque es un evento trascendente que implica un cambio en las condiciones de nuestro entorno. Nuestro modo de relacionarnos con los demás se transforma. Nacer implica transmutar el modo de comunicarnos, de respirar, de alimentarnos y de crecer.

Muchas veces estos cambios arrastran efectos intensos que pueden quedar en nuestro inconsciente en forma de traumas o de bloqueos. Podemos enviar luz al pasado para. aclarar la conciencia con la energía del amor.

La luz universal está siempre presente y conecta nuestras almas. Como el tiempo es flexible reciban en este momento la energía que ilumine cada cumpleaños. Es mi deseo que se manifestemos todos nuestros sueños con mucho amor.

Las regresiones y la energía de los niños

sanar tu niño interior

las regresiones son sanadoras

porque nos dan el impulso

que necesitamos

para avanzar

Las regresiones son sanadoras porque sirven para tomar impulso. Esta frase la escuché referida al desarrollo en la infancia, pero creo que aplica también a la vida de los adultos. Toda cuestión que vuelve del pasado para llamar nuestra atención aquí y ahora es una oportunidad para trabajar la energía y desbloquearla.

Este proceso de regresión se vuelve imprescindible para actualizar situaciones que quedaron sin resolver en el pasado. Para sanar karma de la infancia con Reiki se recomienda trabajar el envío de energía tomando períodos de cinco años. De esta manera podemos enviar Reiki a distancia durante quince minutos al día a lapsos cronológicos definidos (ejemplo: 0-4, 5-9, 10-14).

Necesitamos liberar ataduras para avanzar en el camino diario. El momento de regresión se manifiesta con la energía de los niños. Este es nuestro llamado a la acción regresiva sincrónica o voluntaria que nos reclama un momento de meditación sanadora. Enviar Reiki a distancia al pasado ayuda a sanar en profundidad el niño interior.

Sanación kármica de la infancia

regresión a la infancia

sanar karma

de la infancia

para seguir jugando

La sanación de la infancia abarca dos períodos: la pre infancia de los 0 a los 5 años y la infancia propiamente dicha de los 6 a los 12 años La regresión se manifiesta a través de la energía de niños.

Se presentan en la cotidianeidad niños jugando a juegos que alguna vez quisimos jugar o que rechazamos; niños reclamando paseos o transitar por calles con nombres alusivos que fueron clave en nuestra vida; energía de niños en la casa representada por la reaparición de objetos, de muñecos, de autitos, de vestimentas que permanecieron guardados durante muchos años; gritos de niños jugando que irrumpen nuestros momentos calmos; movimiento disruptivo de objetos infantiles en la casa que motivan al juego.

Estas manifestaciones sincrónicas son señales de bloqueos de energía. Simbolizan desencuentros álmicos o eventos frustrados que impidieron el fluir del amor en nuestra infancia. Hoy forman parte de los aprendizajes a los que fuimos llamados, pero que en el momento no asumimos. Por eso, se nos presentan y nos enfrentan a ellos. Nos muestran que podemos aceptar, aprender, soltar y fluir. Aprender es nuestra decisión.

Con Reiki no hace falta detenernos en un análisis profundo de lo ocurrido porque esto nos embrolla, nos ata, nos inmoviliza, nos bloquea, nos hacen doler literalmente la cabeza.

Enviar Reiki a distancia al pasado es la práctica de sanación que se propone para sanar karma. Tenemos el poder de soltar en nuestras manos. Enviar luz es nuestra herramienta. No tenemos que hacer magia ni solicitar trabajos especiales a ningún superhéroe. Tenemos solamente que transitar con sencillez un camino de claridad.

La práctica y el aprendizaje de Reiki es simple, sencilla y efectiva. Por ese motivo se nos hace tan difícil acceder a ella. Nos lleva años acercarnos a un Maestro. Pasamos otros tantos rondando la energía sin sintonizar. Pero el cambio radical es la sintonización porque nos involucra, nos conecta y nos valida para la canalización de la energía vital del universo de una vez y para siempre. Pero no es sintonizar y cruzarse de brazos: Es sintonizar y poner las manos en acción.

Sanemos la infancia y sigamos jugando.

Red de amor que nos une en la web

cuando la vida se ilumina

Reiki a distancia es gratis

pero se aceptan donaciones contribuciones

retribuciones chistes comentarios y fotografías

que aporten y sumen

buenas vibraciones a toda la red.

A veces pasa que cruzamos conversaciones sin un sentido aparente. Nos saludamos, nos presentamos. Buscamos conectar como seres sociales que somos. Buscamos un otro para compartir un momento de reflexión o de risa, un gusto literario, recomendar una serie o una película. Compartimos frases o imágenes que nos conmueven.

A veces pasa que necesitamos desahogarnos y pedimos ayuda de manera consciente. Otras veces buscamos un rayito de luz de modos y de formas no tan explícitas. Muchos critican las conexiones personales que se dan en las redes sociales, pero como todo en la vida creo que en su medida justa y en su momento adecuado no vienen a salvarnos ni a justificarnos sino a acompañarnos en el tránsito cotidiano.

A veces pasa que no somos conscientes de que a veces logramos a través de estos intercambios dar con la fuente de unión universal en lugar de evadirnos en un otro. En ese instante, cuando espejamos a los demás con nosotros mismos, encontramos las almas que somos y fuimos desde siempre.

En esa conexión causal de encuentros y de reencuentros se da esta magia de modo inconsciente. No es exactamente la práctica de manual de Reiki a distancia que aprendemos y transmitimos en las iniciaciones, pero estoy segura que cuando la intención es buena el resultado es el mismo: la vida se ilumina. Sólo hace falta estar receptivos y estar dispuestos a abrir el corazón para dar lo que recibimos en esta mágica red de amor.

Recordá que si necesitás luz para tu vida podés pedir a conciencia Reiki a distancia. Es gratis. Se aceptan donaciones, contribuciones, retribuciones, chistes, comentarios, frases y buenas vibras para que practiquemos siempre la reciprocidad.

15 de agosto

día mundial del reikista

cuando nos perdamos

recordemos quienes somos

Que el Maestro Mikao Usui nos ilumine en el día de su nacimiento.

Que sus principios nos guíen cuando nos perdamos en la práctica diaria.

Que junto a nuestros Guías y Maestros señale nuestro camino.

Que nuestra voluntad y libertad escuchen siempre sus enseñanzas.

Reiki es simple, pero no es una práctica fácil. En su sutileza radica su poder. Necesita ser abordada por la humildad del canalizador para que brille en plenitud.

Reiki es puro amor. Hoy reflexionemos, meditemos, analicemos y canalicemos con Reiki. Enviemos Reiki y sin duda las bendiciones llegarán multiplicadas. No somos sanadores, sino que somos canales de energía universal. Hagamos conciencia en el trabajo diario de la omnipotencia que puede nublar nuestro camino. Eliminemos las impurezas aquí y ahora.

Reiki desde siempre y para siempre.

Meditación

Meditar es detenerse. Es hacer conciencia. Es observar la respiración y registrar las sensaciones.

Permanecer inmóvil en un acto voluntario y en ese mismo acto ser testigo de la impermanencia. Asistir a la purificación física que se produce con la conexión del ser inmutable y la energía superior. Alcanzar la felicidad en el tiempo presente desde el silencio exterior al silencio interior.

Aprender a meditar es un proceso. Meditar es un acto que únicamente cuando es sostenido en el tiempo logra evolucionar. El aprendizaje no es conocimiento intelectual, sino que es incorporación de una rutina. La eficacia y la eficiencia de la meditación están en el progresivo ejercicio del hábito diario sin juzgamiento y sin expectativa. La clave es enfocarse en uno mismo con paciencia y con tolerancia para experimentar la fusión con la energía universal.

A mi entender, la meditación constituye un eje transversal a las demás prácticas que realizo. Asoma y dice presente a modo de recomendación y de ejercicios en cada uno de los encuentros terapéuticos. La sanación en primera y última instancia requiere su abordaje. Con mi ejemplo de práctica diaria, busco inspirar y acompañar a otros en este proceso.

Alcanzar la claridad para ver el mundo tal cual es, es un gran desafío. Pero también es nuestro derecho y nuestro deber cotidiano.

Meditación nivel 0

yo, la peor de todas

Los caminos de sanación son insospechados. Mi universo se expande y cada ser que forma parte de él escribe un capítulo nuevo en mi vida. Cuando soltamos los apegos vemos la realidad tal cual es. Cada palabra, cada latido abre instancias de introspección que hace unos años hubiera desconocido. El gran aporte lo hace la búsqueda por fortalecer la conexión álmica a través del ejercicio del libre albedrío.

Hoy inicio un nuevo camino desde mi voluntad y alineándome al destino universal. Hoy comienzo un camino nuevo en el aprendizaje de la meditación renunciando a los postulados del deber ser y de lo que se espera de un excelente alumno. Hoy en este mundo en el que somos pequeñas lucecitas iluminando sin competir por ser la más brillante. Una frase resuena en el presente: no al juzgamiento. Porque no soy ni seré la mejor en esto, pero todo lo que emprendo lo hago con el corazón.

Gracias a mis Guías y a mis Maestros por mostrarme siempre el camino. Por inspirarme con amor divino. Por facilitarme los recursos que mañana transmitiré en cada clase y cada sesión con el fin de inspirar al que esté receptivo.

Gracias a las almas compañeras de este proceso de evolución transpersonal por el afecto, la compañía, el apoyo incondicional. Gracias a los que caminan a paso lento conmigo. Gracias a todos aquellos que me motivan para acelerar el paso. Gracias por ser. Gracias por estar. Nada es ni será lo mismo a partir de hoy.

Meditación nivel 1

la postura de meditación

medita

aquí y ahora

Podemos ayudar a la postura de meditación con un zafú o un cojín de meditación. La postura debe mantener la columna erguida y fluir naturalmente dejando ir cualquier incomodidad o dolencia no patológica.

A meditar se ha dicho!

La hora de meditación

4 am

1,2,3 meditando

hora del lucero
hora de los ángeles
un recreo diario en el tiempo del mundo
                navegar entre energías sutiles
        todo es fluir con el universo
dejar pasar los pensamientos
                todo pasa

                        pasa lo bueno
                        pasa lo malo
        pasa.

La meditación diaria

La meditación diaria busca una vez más enfocarme en el presente. El amanecer se anuncia en el brillo del lucero mientras los cristales de mi red reclaman atención. Los pedidos de Reiki a distancia crecen a medida que mi universo se expande. Algunas veces finalizan con mensajes de felicidad y gratitud. Otras veces, la sanación no sucede de acuerdo a las expectativas. Es momento de recordar y recordarme que pedir al universo es necesariamente entregar y soltar los resultados. Es momento de continuar el trabajo diario para alinearse a la energía de la fuente creadora y recibir las bendiciones que están para nosotros.

Entonces, sucede el hecho de que los pedidos en lugar de finalizarse, abren ante nosotros nuevos aspectos a sanar. Aspectos que como eslabones van sucediéndose y elevándonos a un nuevo nivel. Necesitamos abrir la puerta para trabajar los apegos y la necesidad de control. Este trabajo debe ser cotidiano y sostenido porque ellos vibran con nosotros siempre: cuando reímos, lloramos, respiramos, nos enamoramos o tomamos cualquier decisión. Son la trampa misma que nos hacemos simplemente cuando deseamos y proyectamos un mañana.

La meditación diaria busca una vez más centrarme en el presente. El camino de sanación es tan simple como conectar con la felicidad en este mismo instante. Aquí y ahora, donde las bendiciones se manifiestan. Nadie dijo que sea fácil, pero podemos hacer el intento.

Apostillas de meditación I

"Todo inspira y espira."[1]

mensajes del universo en frases distraídas
libros que se sueltan al viento
gira la rueda
aprendizaje de sanación.

Apostillas de meditación II

meditar es detenerse

Meditar es rendirse. Meditar nos instala en el presente. Meditar nos conecta al fluir de la vida.

Sea un abrazo. Sea una piedra. Sea una frase en la pared. Sea lo que sea que obstaculice tu trabajo interno, déjalo ir. Deja de intentar ver resultados en tu acción diaria. Pronto tu visión global del mundo se clarificará. No es lo mismo estancarse que detenerse a meditar. Transitemos la vida. Meditemos.

Apostillas de meditación III

transforma tu mundo

pero antes transfórmate

El verdadero cambio que esperas para tu vida está latiendo en tu interior. Es hacer conciencia plena de tu alma infinita. Conectar con esto exige dedicar un tiempo a hacer nada. Meditar.

---

[1] Frase de "El Kybalion" de Hermes en portada del libro de Mansion, Madeleine. El Estudio del Canto: Ed. Ricordi Americana, Buenos Aires, 1947

Apostillas de meditación IV

sólo acepto la luz como

mi guía en esta vida

El juego con cartas me ha llevado a consultas acerca de la evolución de las energías en el tiempo del mundo. He comenzado a observar evidencias claras de sus correspondientes registros universales. El asunto que resuena hoy es revocar pactos. Renunciar a promesas de vidas pasadas. A veces, este pasado se descubre con una mirada sutil a lo sucedido años atrás en nuestra vida actual.

Si vivimos la plenitud del aquí y ahora poco aportan las preguntas acerca de quiénes fuimos en un pasado y quiénes seremos en un futuro. La clave de la felicidad está en ver con claridad nuestras acciones día a día. Pero el trabajo regresivo impulsa en el camino de sanación. Desanuda palabras y ataduras sin fundamento de un tiempo olvidado. Ilumina esos momentos. Recuerda para resignificar. Afronta la toma de decisiones diaria para poner fin a situaciones y relaciones desde la coherencia.

La meditación diaria puede llevarnos por caminos regresivos y en mi experiencia he decidido transitarlos. Porque en este camino he conectado con la experiencia del tiempo como un continuo presente.

Hoy, con los pies en la tierra sólo acepto la luz como guía.

Tarot

En cuanto al Tarot, mi enfoque es evolutivo transpersonal. Sin perder de vista el origen lúdico-orientativo de las cartas leo mensajes e interpreto eventos y situaciones. El objetivo de la lectura es clarificar e iluminar cuestiones generales y específicas del consultante. Evaluar juntos las distintas energías que influyen en todos los aspectos de la vida, transmutando las preguntas y las incertidumbres.

El fin es lograr una visión clara del presente, enfocada en el aquí y ahora. Esta nueva visión es un proceso: un camino que comienza hoy y continúa desarrollándose a través del tiempo. Es un recurso a disposición de quien lo elija para la evolución y la elevación de su alma.

Mi visión del Tarot

mensajes en las cartas

Las cartas tienen mensajes que buscan salir a la luz. La lectura facilita la visión clara de las situaciones, los eventos y las relaciones que transitamos.

El trabajo en sesión colabora desbloqueando la energía estancada en el pensamiento. Facilita la conciencia del presente y el fluir de la energía sanadora.

Expectativas en las sesiones de Tarot

el enfoque de mi trabajo con cartas

rompiendo paradigmas

en el amor

- Lo necesito para vivir.
- ¿Hacés endulzamientos?
- Quiero saber si me ama.
- ¿Lo tienen amarrado?, él no la ama.
- ¿Alguna vez se cumplirá mi sueño con él?

- Para la codependencia, una psicóloga.
- Para endulzar tu vida, una buena receta de cocina.
- Para adivinar, una adivina.
- Para magia, te recomiendo una bruja.
- Para la fantasía, una buena película de ciencia ficción.

Sanar exige romper viejos paradigmas. Sanar en el amor exige sincerarse con uno mismo en cuestión de liberar prejuicios y expectativas. El Tarot es para mí una guía a la libertad y la voluntad del consultante. Canalizo mensajes de alta vibración con el fin de interpretarlos y transmitirlos con coherencia. La clarividencia no es adivinación de eventos futuros, sino que es claridad para interpretar energías que rondan la vida. Mi trabajo diario canaliza energía vital con Reiki. Luego, dejo hablar a las cartas. Este es mi paradigma. Cada tarotista ve el mundo desde su propio prisma. Respeto a excelentes profesionales que se dedican a otras prácticas y complementan con ellas la lectura. Reconozco que la efectividad de sus propuestas tiene que ver básicamente con la dimensión en la que habitan.

En este lado, jugamos con las cartas. Abrimos caminos. Identificamos propuestas. Entramos, salimos y movemos energías estancadas. No juzgamos. No sentenciamos. No predecimos. No condicionamos la voluntad de ningún ser de ninguna densidad material o espiritual. Dichas prácticas están fuera de mi esquema de trabajo en las consultas. Mi vida es un fluir constante de ideas y de pensamientos. En la mesa, se pone en juego esta propuesta.

Sé que es prioritario romper viejos paradigmas para la evolución y el desarrollo transpersonal. Esta es mi motivación día tras día. Propongo transitar juntos la dimensión en la que la toma de decisiones consciente hace la diferencia. Vida y muerte es por destino. En el medio, nuestro libre albedrío y la voluntad de vibrar en consonancia a la sanación integral. Sanar en esta vida es evolucionar el cuerpo y el alma. Romper paradigmas limitantes es una decisión diaria y una acción sostenida.

Una lectura de energías

jugando con Tarot

No hace falta ser entendido en cuestiones esotéricas ni haber participado de seminarios prestigiosos para apelar al sentido común y ver con claridad que Tarot es un juego de cartas. La lógica dice que cuando jugamos un juego suspendemos nuestro entendimiento para entregarnos a seguir reglas y normas internas. Por ese motivo es que tenemos que aprender significados preestablecidos para realizar lecturas. En la actualidad muchos de ellos han quedado fuera de uso práctico, por eso quienes interpretamos mensajes en cartas apelamos en mayor o menor medida a la intuición.

El consultante de Tarot se predispone a recibir un consejo. No busca un recuento literal de los simbolismos porque esto haría a la consulta agobiante y agotadora. Las palabras canalizadas abren caminos y facilitan la toma de decisiones para su vida. El Tarot expone la situación presente con claridad para que la encrucijada que motiva la consulta sea guiada, enfocada y resuelta. No determina el libre albedrío.

Mi trabajo es fomentar el aspecto lúdico del Tarot buscando guiar el autoconocimiento. En una lectura, visualizo aspectos de las energías presentes. Canalizo cómo fluye el evento y cómo podría manifestarse. No está en mi propósito determinar verdades ni condicionar acciones.

Las respuestas dicotómicas

¿se unirán en matrimonio?

X consultó por su relación con Y

Piscis-Sagitario

La respuesta se lee en la primera línea de la tirada. La figura de la Reina de Bastos representa a la consultante. La pareja de ella es el hombre elemento Fuego, arcano mayor "La Templanza". Son compatibles, pero están desestabilizados: ambos invertidos con un alto grado de irresponsabilidad e irracionalidad frente al evento consultado. Si bien la carta del centro de la línea 10 de Espadas nos señala un éxito en la consecución del objetivo matrimonio, el mensaje a transmitir es que sería un éxito temporal. Es un logro que será alcanzado, pero no definitivo.

Avanzado en la lectura vemos al arcano mayor "La Luna" simbolizando el signo de Piscis de elemento Agua: sentimientos románticos ocultos. Debajo del arcano que representa al hombre aparece el As de Bastos invertido mostrando nuevamente las indecisiones. En el centro de esta línea y de la tirada el As de Oro invertido muestra un éxito acotado a lo material. Expone la necesidad de enfocarse y girar esa energía a los sentimientos para dar lugar al éxito total del matrimonio. Como consejo final, en la última línea, las cartas le dicen a ella que no se precipite y que baje el nivel de ansiedad. El 8 de Copas invertido representa la huida.

Cuando las emociones se desbordan tendemos a huir de nosotros mismos con apuro y ansiedad. A él, el arcano mayor "El Ermitaño" le recomienda la búsqueda interior: darse tiempo para reflexionar. Puede representar también la aparición de la ayuda externa de un terapeuta, pero también es el llamado a buscar dentro de uno mismo la única luz guía hacia lo que amamos. El arcano mayor mira hacia la mujer y su proyecto de una vida juntos. Avanza iluminando paso a paso aquí y ahora. Esta actitud sostenida es lo que lleva al 9 de Oros central de la tirada coronando el éxito de bienestar. Abundancia en todo sentido en un futuro próximo.

Todo mejorará si cada uno logra encontrarse consigo mismo desde la autorreflexión y el autoconocimiento. El mensaje es claro para los dos: el encuentro deseado se dará con paciencia iluminando acciones y eventos día tras día. Las cartas aconsejan que no se agobien con temas materiales, sino que indaguen sus sentimientos. La abundancia llegará sola. Las bendiciones son como un racimo de uvas que está esperando en la parra. Todo madura en los tiempos del universo. Constancia, perseverancia, amor y dedicación. Los frutos son como los sentimientos, no aparecen de un día al otro. Las emociones son la base de los sentimientos. Cuando las emociones se desbordan hay que dar tiempo a la reflexión interna para encontrar estabilidad y madurez. El éxito y la ventura están asegurados.

Bendiciones para la mujer hermosa que me confió sus datos para compartir este ejemplo con ustedes.

El empoderamiento

empoderarse no es cuestión de género

Tiempo atrás la Luna Llena en Libra me ayudaba a conectar con la energía universal. Llevaba como amuleto una gema de citrino mientras comenzaba a escribir sobre lunaciones. Luego de un año, ese impulso llegaba a un fin de ciclo y causalmente revisé este escrito. La Luna Llena finaliza ciclos iniciados durante los seis meses anteriores, bajo la Luna que se dio en el signo opuesto. Allí, tomaba impulso e iniciativa mi proceso personal de empoderamiento. Hoy, consolidado.

Vibrar positivo con "El Emperador"

La energía de la Luna Llena me trajo una reflexión sobre el empoderamiento. En su vibración baja coarta la libertad individual. La autoridad se vuelve autoritarismo manifestando su poder material. Borra el sutil límite entre brindar la seguridad que necesitamos para crecer y quitarnos el aire para respirar.

Esto sucede tanto en su versión de matriarcado como de patriarcado donde el deber ser agobia y paraliza. El mundo proyecta ilusiones y fantasías. Perdemos de vista la importancia del abrigo justo y el amor necesario para nuestros hijos. El pan de cada día. La abundancia en sentido amplio que debemos brindar a un niño para crecer. Entramos en la carrera cotidiana por tener más y más generando ataduras sólo por el hecho de poseer.

Es muy sutil la línea que confunde empoderarse con la necedad por la posesión. En lugar de hacernos fuerte nos vuelve débiles, inmaduros, ineficaces, indecisos. Es tan sutil como barajar y que salga dada vuelta la carta del arcano mayor. "El Emperador" invertido se vuelve incapaz de controlar su emoción. Desbordado ejerce el control desde las cosas que posee: un amor, un hijo. Esto no es una cuestión de género: hoy en día esa vibración baja corresponde a la mayoría de las mujeres que se ocultan tras el velo del empoderamiento.

La Luna Llena en Aries saca a la luz estas energías. Nos permite vibrar positivo para que iluminemos con el verdadero empoderamiento nuestra vida, nuestras relaciones y nuestras familias. Acompaña en este proceso a todos aquellos que necesiten limpiarse de la negatividad y deseen girar la carta. Es mi deseo que les permita avanzar vibrando en el amor verdadero.

Volvió por destino a mis manos un mazo de Tarot de Marsella que conocí en mi adolescencia y se me llamó a compartirlo desde este lugar. Canalicé como mensaje esta carta hermosa arcano mayor n°4 "El Emperador". El padre de familia que con autoconfianza, inteligencia y autoridad busca la verdadera estabilidad a través del bien común. Dedico estas líneas a mi padre en esta vida y a la mujer empoderada que me enseñó con su ejemplo de lucha matriarcal el verdadero empoderamiento.

Ukiyoe Tarot

la impermanencia

Mi trabajo diario con los mazos de Tarot clásicos de Marsella y de Rider me llamó a incorporar nuevos recursos para las lecturas. Investigué Tarot modernos en esta búsqueda y llegó a mis manos Ukiyoe Tarot de Koji Furuta. Inmediatamente él me atrapó con su vibrante hermosura y su delicadeza ambigua. En las sesiones utilizo diferentes mazos que ajustan sincrónicamente la comunicación con los consultantes. Pero por un largo tiempo este Tarot ha sido mi predilecto.

Cada mazo es único. Sus mensajes son oportunos y certeros. Cada mazo tiene su historia y atrae energías diversas a mi vida. La fuerza kármica que expresa es un eje transversal que se pone en juego en las consultas y define gran parte del mensaje a canalizar. Comencé a trabajar con este Tarot y mi mirada se elevó con simbolismos nuevos. El concepto de impermanencia resuena ampliando la propuesta del juego.

Todo pasa. Cada carta en la tirada. Cada palabra en la lectura. Todo se alinea en el momento presente, en mi vida y en la de los consultantes. En un instante las imágenes cuentan historias milenarias y en otro, reflejan un segundo de nuestro presente. Su magia es efímera, pero su efecto es trascendente. Con su arte Ukiyoe nos eleva sobre la incertidumbre para que nuestra voluntad traiga la respuesta. De esta manera, Koji Furuta me facilitó la conexión con la energía de la transitoriedad del mundo material.

Vivenciemos este aprendizaje a través de él en cada sesión.

Canalización "La Rueda de la Fortuna"

Arcano mayor n°10

sanación kármica

sanación física y elevación espiritual

arcángel Rafael

Muchas veces hablamos de sanar karma y elevarnos espiritualmente. ¿Pero somos realmente conscientes de las implicancias reales de cada uno de estos actos y estas acciones en nuestra vida cotidiana? ¿Logramos ver con claridad el momento en que el proceso de sanación inicia y comienza a girar la rueda del karma? ¿Podemos desapegarnos, aprender, soltar la carga necesaria y continuar avanzando rumbo a un nuevo aprendizaje sanador? ¿O nos victimizamos en el dolor y nos aferramos a una soledad ficticia?

Cuando el proceso kármico avanza es el momento de comenzar a iluminar. Dar luz a nuestras acciones inconscientes y descubrir por qué motivo la rueda gira. Todo nos regresa. No de la misma forma ni del mismo modo que hemos dañado, pero sí del modo en el cual estamos llamados a sanar y desapegar de la materia para elevarnos.

Pagar karma es liberar. Es aprender para soltar. En síntesis, sanar para elevar de grado al espíritu. La sanación tiene implicancias físicas, síntomas que trascienden el alma y se reflejan en el cuerpo de modos inesperados.

Podemos iluminar el entendimiento para avanzar en el proceso de transformación y cambio. O podemos inmovilizarnos, atar nuestras ideas y pensamientos. Podemos oscurecer la mirada fijándola en lo que podría haber sido de otra manera. Pero siempre podemos volver a optar por entender la oportunidad que se presenta como una motivación para liberar ataduras. El karma se transita en esta vida, aunque en el intento por preservar nuestro ego, la energía nos detenga y devuelva al punto de inicio. Cuando esto sucede "La Rueda de la Fortuna" gira hacia atrás y vemos el arcano invertido en las lecturas.

En algún momento hacemos daño conscientemente y en algunos otros lo hacemos, aunque no somos conscientes. Hacer daño inconscientemente también genera karma negativo y produce un efecto. Pero estoy segura que cuando la intención ha sido buena el universo acompaña y provee bendiciones. Si transitamos desde el corazón la vida con las mejores intenciones la experiencia me dice que la sanación es sin sufrimiento.

No venimos a sufrir por nuestro karma inconsciente porque podemos iluminar y comprender lo que viene después. Lo que hay detrás del cielo nublado es el sol que nos ilumina.

Nos alcanza una mano amorosa y una caricia en el momento indicado. Un llamado y un mensaje atento para que podemos seguir adelante. Meditar es conectar con esa luz sanadora.

Meditar es iluminar. Es nuestra herramienta fundamental para sanar karma porque nos conecta con nuestro grupo de almas y el universo. Nos ayuda a comprender que el daño infligido a un otro es siempre primero un daño a nosotros mismos.

Quien dice que meditar es estar en soledad necesita comprender que es la conexión en su máxima expresión. La conexión que nos permite visualizar el proceso completo de sanación físico-emocional que tiene como base aprender que nunca estamos ni estaremos solos. Este es nuestro destino en el sentido más relevante de "La Rueda de la Fortuna". El destino interpretado como el llamado a fluir y girar con nuestro grupo de almas día tras día transitando el karma sanador.

Canalización "La Torre"

Arcano mayor n°16

sanación de las relaciones familiares

cambia todo

todo cambia

hasta nuestros nombres

pero tu risa y

esa mirada

no cambiarán jamás.

Ruptura de la pareja con hijos en común

Sanar relaciones es un proceso que lleva toda la vida. Postergamos decisiones para que nuestros hijos no pierdan la risa y nos postergamos. Cuando finalmente las tomamos cae "La Torre". Todo cambia. No volvemos atrás porque cambia todo y ya no somos los mismos. Cambian nuestros nombres y nuestros estados. Ya no somos su amor, ni su marido, ni su mujer.

Previa caída surge la inestabilidad y el movimiento. "La Torre" se quiebra. Intentar sostenerla es correr el riesgo del derrumbe sobre nuestro cuerpo. Para evitarlo es prioridad conectar con el amor propio y soltar la fijación por sostener lo insostenible. Dejar de lado la acción masoquista que cansa nuestros músculos y nuestra alma para dar lugar al desmoronamiento. Llegará el momento decisivo: dar el salto final.

Luego, el tiempo de ponernos de pie con precaución. Tomar acción para recomponer el lazo único que nunca se corta: siempre seremos mamá y papá.

En cuestión de ruptura de relaciones de pareja con hijos en común la clave es trabajar para sanar. Trabajar intensamente con constancia. Conectar con la energía vital que permite reconocernos a través del tiempo. Recordar quiénes somos a través del espacio. Alinearnos con firmeza en el aquí y ahora. El fin es estar receptivos a las bendiciones que caerán del cielo. Esta vez no tendremos que corrernos para no salir lastimados. Podemos sentarnos a esperar y dejar que el universo disponga. Esperar con paciencia que la luz cubra nuestra aura. Que inunde cuerpo, mente, alma, corazón y vida.

Canalización "Choices"

soltar el control

La canalización de la carta "Choices", del oráculo Whispers of Healing de Angela Hartfield y Josephine Wall, me llevó a reflexionar acerca de la naturaleza de la toma de decisiones y los distintos modos que usamos para justificar nuestras elecciones en la vida. Esta energía oracular nos enfrenta a un dilema: tomar decisiones controladas o decidir soltar el control. La energía de transformación de la Luna Llena en Escorpio vibró con cambios de naturaleza profunda. El futuro se manifiesta como opciones en el presente. Estemos preparados o no para enfrentarlo, él está frente a nosotros. El futuro ya llegó. Continuar es decidir. Las decisiones sanas son aquellas que irán al encuentro de nuestras necesidades y nuestros deseos.

Hay momentos de apertura donde los caminos se abren. El camino por transitar debe elegirse. Entonces se manifiesta el libre albedrío o la voluntad. Elegir es dejar de lado opciones. Es acotar y reducir las posibilidades de manifestación en el mundo. Ese momento mágico selectivo puede ser guiado por el raciocinio extremo o la sensibilidad pura. Por la visión de la consecución de una meta o por la necesidad de realización de un sueño cumplido. Puede intervenir el consejo sabio de un padre, un hermano o un amigo. También podemos elegir no elegir y dejarnos guiar por la simplicidad de la meditación. Podemos elegir hacer nada y buscar la conexión con la energía del universo.

La mente suele traicionarnos durante este proceso nublando nuestras mejores chances con eventos inesperados. La mente puede hacer que nos domine el miedo a lo desconocido. La mente puede engañar a nuestro libre albedrío mostrando la zona segura llamada de confort.

Por ese motivo, dejar fluir los pensamientos para esperar la claridad de los mensajes guía resulta ser la mejor manera de tomar decisiones. Cuando la opción indicada está frente a nosotros vibra con nuestra alma y se manifiesta. Sólo mediante la conexión con nuestro ser inmutable podremos verla claramente. Soltar el control es liberar posibilidades al viento como burbujas flotantes. Es necesario abrir nuestro corazón para recibir lo que es nuestro por derecho divino y merecimiento.

La mayoría de las veces tomamos decisiones buscando ser agradables a los demás o complacerlos porque esto alimenta nuestro ego. Es un hábito tan cotidiano que olvidamos el verdadero valor de elegir por amor a nosotros mismos. El límite entre vibrar en positivo en el amor a uno mismo y vibrar bajo en el ego solamente lo da el conocimiento de uno mismo y el amor auténtico a lo que hacemos cada día. Sólo así las prioridades se revelan. Se facilita la voluntad de manifestar la verdadera felicidad.

.

Canalización "Breathe"

"Take my breathe away"

los grandes eventos de la vida

son bocanadas de aire

puro y fresco

Muchas veces experimentamos sucesos imprevistos que impulsan el cambio y la transformación de nuestra vida. Los eventos se vivencian como salir a respirar aire puro. Luego de haber permanecido sumergidos en las profundidades del océano se produce el impulso de supervivencia. Saltamos como delfines para manifestar un presente distinto. Y vemos con claridad las aguas mansas a lo lejos.

Sincrónicamente, el pensamiento se nubla. La Luna menguante en Piscis nos conecta con la fantasía a través de las emociones y los sentimientos ocultos. Entonces, la carta "Breathe", del oráculo Whispers of Healing de Angela Hartfield and Josephine Wall, nos recomienda transitar en calma las aguas turbulentas.

La luz va oscureciendo la noche en la tierra y nos cuesta ver con claridad. Es prioritario que confiemos en las conexiones trascendentales que nos unen y sostienen. Lo que no podemos ver está ahí trabajando por nuestro bienestar. Sigamos navegando ya que pronto llegaremos a tierra firme.

Canalización "Reliable"

autoconfianza versus ego

el ser confiable

no proviene del ego

sino de la autoconfianza

Atravesando el período de mayor oscuridad con el comienzo de la Luna Nueva barajo el oráculo Whispers of Healing de Angela Hartfield and Josephine Wall. La carta que se asoma decreta "Reliable". El mensaje nos llama a indagar en la confianza como atributo fundamental de nuestro ser. Los cierres de lunación son períodos de despojar y limpiar para abrir paso a aquello que deseamos manifestar. Esta culminación de ciclo nos pide que guiemos nuestra energía para transformarnos en un ser único confiable. Implica atravesar este período de trabajo conectando con la autoconfianza.

Todo lo que comencemos con esta influencia será desde la acción de evaluar, evaluarnos y que nos evalúen. Será fundamental la visión crítica acerca de si nos creen y nos consideran, nos creemos y nos consideramos capaces de cumplir la meta propuesta durante este ciclo. La autoconfianza vibra en el corazón y en eso se diferencia del ego.

Cuando confiamos en nosotros mismos y en que podemos realizar determinada tarea irradiamos la energía de triunfo. En el camino, podemos tomar nota de nuestra evolución personal. Podemos evaluar desde donde partimos hasta donde llegamos.

Pero debemos dejar de lado los resultados y las expectativas del futuro para hacer valer, valorar y valorarnos en el presente del recorrido. Así podremos ver con claridad el sueño cumplido. La determinación de saber con convicción qué es lo indicado en nuestro camino es la luz que nos guía. Entonces, nada podrá detenernos en la manifestación.

El ego en un principio parece motivar nuestras acciones con su exceso de brillo, pero fracasa en su función. Todo lo que hacemos para obtener el aplauso externo nos impulsa en un primer momento, pero luego se estanca. Todo lo que busca cumplir con el deber ser nos motiva, pero nos frustra en un segundo. Cuando comprendemos que las expectativas de un otro nunca pueden satisfacerse, el sol quema nuestras alas. Fracasamos porque hemos desestimado nuestro crecimiento interior mirando el brillo exterior.

Quien confunde ego con autoconfianza fácilmente ronda en el concepto de traición. Traición a un otro que ha comenzado en la traición a uno mismo. Quien trabaja en la autoconfianza de su ser logra metas y objetivos sin traicionar nunca a su ser inmutable. Vuela sin dolor y brilla con luz propia. Supera el brillo del sol a la vista de todos, aunque no todos sepan interpretar la diferencia. La diferencia está en la permanencia y la estabilidad del logro. El ego vibra con el éxito efímero. Mientras que la confianza siembra y cosecha éxito permanente.

Comienza hoy una semana de oscuridad y es mi deseo que nada nos oscurezca este tránsito. Despojemos, limpiemos y abracemos el camino a la sanación.

Volemos alto y en calma rumbo a los logros futuros. Despleguemos las alas conociendo el límite que nos da el conocimiento de nosotros mismos. Conectemos con nuestro ser interior en ese vuelo. Proyectemos autoconfianza. Seamos confiables. No permitamos que se opaque nuestro brillo.

Lo trascendente no es lo que hacemos, sino cómo lo hacemos.

Canalización "Acceptance"

en busca de la felicidad

sanar emociones

desde la aceptación

sueños

amor

resiliencia

La carta del oráculo de Whispers of Healing de Angela Hartfield y Josephine Wall propone "Acceptance" mientras las sincronías espacio temporales definen el momento para dar este mensaje.

Luna creciente en Virgo llama a sortear los limitantes de los patrones mentales del pasado y propone sanar emociones desde la aceptación. Camino por mi barrio con esta energía presente y me detengo ante un mural que declama resiliencia. Aceptación y resiliencia son caminos necesarios e imprescindibles para emprender el viaje a la felicidad.

Aceptar la realidad tal cual es el primer paso para transitar el camino de aprendizaje que facilite la superación de adversidades.

Aceptar no significa estar de acuerdo. Aceptar es moverse con soltura en el fluir del espacio y del tiempo. Es surfear las olas y avanzar dejando ir el pasado. Aceptar el daño que es parte de la vida. Aprender de los errores. Perdonarse. Empoderarse. Dejar ir es dejar de hacerse daño. Liberarse del autoflagelo. Correrse del lugar de víctima. Soltar todo a lo que nos aferramos.

Dejar ir también significa abrir la mano para recibir. Dejar ir para poder seguir.

Sólo así podremos avanzar. Será el tiempo de abrir los ojos. Despertar de la pesadilla. Navegar nuevos sueños de amor es resiliencia.

Canalización "Receive healing"

ahora o nunca

acude a terceros en caso de necesitarlo

busca ayuda

recibe la sanación que el universo tiene para ti

déjate cautivar

aprecia y admira

la brillantez

La Luna Llena en Sagitario que ocupó el cielo nublado y lluvioso en mi Buenos Aires querido pasó desapercibida. Muchos hicieron oídos sordos a su mensaje. Hoy es necesario sacar cosas a la luz. El oráculo Whispers of Healing de Angela Hartfield y Josephine Wall aconseja con la carta "Receive healing". Ese es el trabajo que se nos propone para sanar.

Este es el momento de recibir sanación. Aquí y ahora. No hay postergación posible. El ciclo ha llegado a su fin. Hemos aceptado las adversidades. Hemos aprendido de los errores. Hemos superado las pruebas. Nos proponemos entonces, afinar nuestra receptividad. Así es que se produce la gran llamada al cambio de actitud. Comenzamos por reconocer que necesitamos ayuda. Se nos aconseja acudir a un tercero que facilite el proceso de conectar con lo que el universo dispone para nosotros.

La Luna llegó a su fase de mayor luminosidad. Nos llamó a dejarnos cautivar, apreciar y admirar por su enorme brillantez. Majestuosa nos conecta con Sagitario y las emociones de diversidad. Sentimos ganas de aventurarnos. La energía nos impulsará a correr riesgos para diversificar nuestras actividades diarias. Estará presente la necesidad de transitar livianos. Asumir riesgos. Acortar distancias. Apostar al movimiento. Seguir el camino menos convencional. Generar todo aquello que permita manifestar el sueño con libertad. Sentir la furia desatada en el viento.

Canalización "Boundaries"

límite versus limitante

límites a los otros

y a nosotros mismos

facilitan encuentros

y respetan los vínculos

El oráculo llama a reflexionar con su carta "Boundaries", Whispers of Healing de Angela Hartfield y Josephine Wall. Mi discusión interna abre el diálogo conceptual entre límite y limitante. Resulta una noción sencilla de definir, pero oscura de interpretar. Pienso en límites desde su impacto positivo. Busco conceptualizar su funcionalidad como un facilitador de la convivencia y el desarrollo personal.

Límite será entonces lo que establece pautas basadas en el amor a través del respeto a un otro y a uno mismo. Facilita los encuentros y define los vínculos. Hablar de límite desde este enfoque es asociarlo de modo obligado al concepto de responsabilidad y amor responsable. El desafío es encontrar el punto de autorregulación entre el exceso de expansión que destruye y exceso de contracción que anula. Autolimitarse es encontrar este equilibrio entre límite y limitante. Es contribuir a elevar nuestro estado de conciencia.

Superar limitantes que actúan desde el exterior como condicionante de nuestras acciones es un desafío. Es un trabajo arduo que puede incluir revisar patrones y modelos del deber ser fuertemente arraigados.

Limitante es aquello que coarta nuestro desarrollo personal y límite lo que lo enmarca. El primero es interno y el segundo, externo. Modelos de conducta, comportamientos y pautas preestablecidas actúan entre ambos conceptos. Trabajar día a día revisando y redefiniendo límite-limitante es la clave para la búsqueda del equilibrio interior-exterior.

Canalización "Wellbeing"

sanando la propia sombra

encuentra el balance

entre tus relaciones personales

y tu vida laboral

cambia tus hábitos no saludables

para atraer el bienestar a tu vida

La carta "Wellbeing" nos llama a la búsqueda del balance interior-exterior de la vida diaria. Una vida saludable es la conexión con aquello que nos ilumina y con lo que iluminamos. Es la sana fusión con nuestro entorno de vida.

El oráculo de Whispers of Healing de Angela Hartfield y Josephine Wall nos lleva a revisar nuestras relaciones interpersonales y nuestras relaciones laborales para reestablecer un equilibrio entre ambas.

Así también, nos guía a modificar hábitos no saludables para atraer el bienestar a nuestra vida. El área de la mente responsable de crear experiencias indeseables se denomina la propia sombra. Negar o reprimir sentimientos en nuestro interior es la manera en que la oscuridad se arraiga en nosotros. Nuestra realidad exterior es un reflejo de nuestra realidad interior. Sanar nuestra propia sombra es aceptar con responsabilidad que lo que no nos gusta de nuestro presente es lo que hoy estamos atrayendo. Porque es nuestra propia sombra la que ejerce ese poder de atracción.

El eclipse oscurece al astro rey. Nos cubre de inseguridad y desasosiego. Nos exige un breve período de oscuridad para que podamos ver la luz nuevamente. Es un tránsito que nos conecta con la energía de finalización para el comienzo de nuevo ciclo. Una eventualidad que nos lleva a la reflexión. Conectar con este momento facilita la visión a mediano y largo plazo. Cuando la sombra se dispersa, la claridad se hace evidente. Entonces, nuestro sol brilla nuevamente. Cuando el eclipse pasa no quedan sombras ni dudas.

Este oráculo es un llamado a encontrar el bienestar externo desde el interior de nosotros mismos. Sanar desde la cura de la propia sombra y el encuentro con la llama que somos. Sanar desde la conexión más pura con la luz interna que crea realidades luminosas en nuestro entorno.

Canalización "Courage"

darse el valor a uno mismo

el coraje y la valentía es el valor

que nos damos para amarnos

a nosotros mismos

y amar a los demás

La tarde me sorprendió en un vacío de escritura barajando el oráculo Gentle Wisdom of the Faerie Realms de Sasha St John. Las cartas resbalan de mis manos y caen al piso. Se revela frente a mi vista "Courage".

El hada niña mariposa que me inspira hoy es valentía y coraje. Es el valor que nos damos para amarnos a nosotros mismos y amar a los demás a pesar del entorno y las circunstancias. Sin este atributo de valor somos frágiles, débiles y solitarios en la manifestación de la energía vital que nos une en esencia al universo. Coraje guía inevitablemente a ver en los demás la ayuda necesaria para la vida. "Support will come". El apoyo vendrá.

"Courage" se nos revela como la inspiración que necesitamos cuando sentimos la soledad en su baja vibración. Nos quedamos sin palabras porque el mundo nos agobia. Debemos recordar que al final de cuentas y al principio de todo, sólo el amor es lo que nos salva.

El amor y su sana reciprocidad. Representado en el valor que nos damos a nosotros mismos y lo que recibimos de los demás.

Canalización "Floating love"

frenando el mundo

flotar a la deriva resultó divertido

por un momento

tiempo de establecerse

detenerse

el amor es sanador

El oráculo Gentle Wisdom of the Faerie Realms de Sasha St John nos acompaña con su carta "Floating love". Junto con la energía del eclipse de Luna y la Luna Llena nos dice que es momento de estabilizar las emociones que han venido flotando y diversificando sin rumbo fijo.

Es momento de producir un encuentro definitivo de amor y por amor. Navegar a la deriva por los aires es búsqueda aleatoria y puede resultar divertido por momentos, pero finalmente decanta. Hoy nos llama el tiempo de establecernos desde la conexión pura. El verdadero encuentro con uno mismo es encuentro con el otro.

Detengámonos un segundo. Frenemos por una vez en el mundo que es efímero y volátil. Conectemos. Celebremos. Busquemos el encuentro. Sea con luz de noche o sea con luz de día. Pero que sea en el camino de la luz.

Canalización "Inocencia"

pensamientos positivos

cree en el inevitable bien

que sustenta la vida

El oráculo canalizado con Ceccoli Oracle de Lo Scarabeo nos detiene a ver el mundo con "Inocencia". La carta aconseja vibrar en pensamientos positivos. Quitar la negatividad de nuestra mente para transitar el mundo sin miedo.

La contracara de la inocencia son los miedos infantiles. Ellos aparecen cuando el niño aún no comprende el entorno que lo rodea y no es capaz de separar realidad de imaginación. Nos creemos adultos maduros responsables y actuamos con cinismo en busca de superar este miedo recurrente. Pero sólo es una manera de endurecer nuestro corazón. Es un modo de protegernos de la agresividad externa, pero la agresividad que avanza a nosotros es la misma que atraemos. Para eliminar el miedo es necesario superar esta instancia de manera regresiva. No hay agresividad posible si no hay miedo. No hay negatividad si hay amor.

Si pudiéramos rescatar los atributos de la sensibilidad y la vulnerabilidad de la niñez. Si pudiéramos vibrar en la energía más elevada del amor que inspira la sana protección de nuestros Guías y Maestros. Si pudiéramos regresar a ese momento infantil previo a los miedos, podríamos disponernos a recibir y transmitir sin límites la energía vital de la luz.

Es mi deseo que vibremos en el amor puro cada momento de cada día, trascendiendo el miedo y conservando la inocencia.

Hagamos el intento de creer en el inevitable bien que sustenta la vida.

Canalización "Grace in full fly"

tiempo divino es ahora

existe un tiempo divino para

manifestar tus sueños

deseos y proyectos

ese momento es ahora

manifestar

o no manifestar

esa es la cuestión

Manifestar o no manifestar. Esa es la cuestión. Podemos ver con claridad las energías que nos rodean, interpretar mensajes, señales y sin embargo no estar dispuestos a afrontar conscientemente el cambio en nuestras vidas. Ejerciendo la voluntad a través del libre albedrío optamos por seguir funcionando de la misma manera y la queja se vuelve nuestro mal necesario.

Así es que consultamos y consultamos. Rotamos de prácticas alternativas en prácticas alternativas. Incorporamos conocimientos, hacemos nuevos cursos, recitamos infinitos mantras. Todo funciona como estrategia de evitación y ruido para el real encuentro con nosotros mismos.

Pero la conexión pura, básica y simple con el universo es el silencio. Conectar. Coincidir. Somos energía vital. Elevemos el alma y el cuerpo se hará liviano. Manifestemos la magia oracular de Wild Kuan Yin Oracle con su Gracia en alto vuelo.

Contemplando y vibrando con esta carta recordé aquella frase budista que dice: "para conocer nuestro pasado y nuestro futuro no hace falta más que mirar nuestras acciones presentes". Para manifestar existen dos pasos fundamentales: el primero es liberarse de las energías del pasado y el segundo es visualizarse en ese futuro anhelado como si ya lo estuviéramos viviendo. Pero esto no es una receta y tampoco un manual de instrucciones.

Es momento de mirar en nuestro interior. Pedir una guía para la conexión con el universo. Hacer nuestra parte y dejar fluir. Porque si algo nunca falla es que, trabajando duro en nuestro ser, lo que está para nosotros siempre se manifiesta.

Canalización "7 de Bastos"

el oráculo de la calle

en el camino

éxito laboral

Quién tira las cartas en la vereda. Cuál es el motivo. Cuál es la razón. Por qué aparecen en mi camino figuras y números de la baraja española.

Camino por las calles enfocada en un asunto y formulo la pregunta al universo. Él me responde a velocidad luz con el oráculo de la calle.

Energía de voluntad y determinación disponible a sólo un paso. Energía de elemento Fuego de la mano de Leo, Sagitario y Aries. Energía que se interpreta como inminente éxito laboral.

Canalización "6 de Picas"

sortea

las dificultades que se presentan

con una sonrisa

una demora o un retraso no impedirán

tu felicidad

Canalización "Las Espadas"

finales y nuevos recursos

jaque mate

¿por qué debería poder?

Pasé un tiempo bloqueada en la comunicación escrita. Sin poder canalizar mensajes porque mis manos estaban ocupadas en sostener ideas, sentimientos y emociones del pasado. Cual copa de cristal rajada mi alma pendía de un hilo en la nostalgia. La señal de alarma se intensificó. Finalmente, la bomba estalló en mi pecho. Mi corazón se oscureció. Mi mente desenfocada hizo los últimos intentos por evitar la caída de "La Torre". Pero sucedió lo inevitable. El ciclo llegó a su destinado fin.

Este es el proceso que atravesamos cuando no estamos preparados para ver con claridad lo evidente. Asistimos ciegos al derrumbe de aquello que creímos tener el poder de manifestar en lo concreto del tiempo y el espacio de este mundo. Esta situación de cierre kármico o aprendizaje por destino en nuestra vida está a mi entender análogamente ilustrada en las tres cartas finales de la energía de "Las Espadas" en la baraja de Tarot. El fin es un hecho. El proceso está descrito con claridad: quitar el velo, despertar de la pesadilla y aceptar la carga mental y física de la traición sobre nuestras espaldas. Únicamente transitando el devenir de hechos y sucesos podremos dar paso con éxito al nuevo comienzo: As de Espadas.

La aceptación no es sencilla y buscar el acompañamiento adecuado es fundamental. Debe primar en nosotros el instinto de supervivencia. Debe estar presente una chispa de la voluntad de superación para vislumbrar el reconocimiento.

Debe iluminarse el entendimiento de manera tal que podamos entablar la comunicación básica con el universo que nos rodea. Esto nos permitirá conectar con aquellos seres elevados, maravillosos Guías y Maestros que nos sostendrán, nos guiarán y finalmente nos entregarán un nuevo recurso para continuar la vida: la gran espada para el nuevo comienzo. Nunca estamos solos.

Necesitamos de esos aliados porque cada uno somos un ser único, pero compartimos una esencia común. Conectar con la esencia o la energía vital es la que nos hace reconocernos y comprender que no hay soledad posible en el camino. Pero tenemos que aceptar que no podemos solos: ¿Por qué deberíamos poder? Es clave pedir ayuda. Entregarnos al silencio. Escuchar. Sentir la felicidad del momento futuro anhelado visualizándolo como un hecho en el aquí y ahora. Respirar y así atraer aquella mano amiga que produzca la manifestación del cambio deseado: quite en el momento exacto la venda de nuestros ojos; nos palmee en el hombro y nos despierte de la pesadilla; desclave una a una las espadas que hemos ido cargando en nuestras espaldas sin chistar.

La voluntad de sanación es el camino. Muchas veces pensamos que las cosas que nos ocurren son menores a los dramas ajenos y nos equivocamos. Cada quien debe cargar su propia cruz para avanzar. Desde la humildad, pedir la ayuda al universo que siempre está disponible para que nuestra alma evolucione. Omnipotencia sobra en este mundo. Algunos seres egocéntricos también estarán en nuestro camino y nos darán la espalda. Otros nos minimizarán haciéndonos sentir que no somos importantes o que realmente lo que nos pasa no es un tema a sanar sino un capricho o algo que puede postergarse. La clave está en nunca detenerse y conectar siempre con el amor propio y la autoconfianza.

Podemos sobrevolar las piedras del camino, pero no por manifestar súper poderes sino porque tenemos aliados en el universo para hacerlo. No tenemos que analizar cómo quitar cada obstáculo que aparece por delante sino enfocarnos en que es nuestra mente guiada la que crea nuestra propia realidad.

Así es que los obstáculos se desvanecen porque nuestra mente es imagen y semejanza de la mente creadora universal. El fin de ciclo está cerca. El salto evolutivo se produce cuando se cierra un ciclo más. A veces, evolucionamos en este plano. Otras, nos elevamos a un plano superior. Pero el proceso es el mismo y se cierra finalmente cuando se produce el aprendizaje: resurgimos de las cenizas cargando la gran espada ganada. Coronados auténticos reyes y reinas decimos a lo que sea y a quien sea la frase definitiva: jaque mate.

"No pain no gain".

Registros akáshicos

En medio de la tormenta, me regaló sus palabras y luego, el silencio. Un día despierto y vuelvo a escuchar su voz. Pero la voz de mi Maestro no está allá fuera, sino que resuena en mi interior. La misma voz que me confesó que con "Muchas vidas, muchos maestros"[2] había encontrado la paz para continuar la vida terrenal ante las pérdidas de los seres amados. La misma voz que me dijo que hay ciertos pilares fundamentales que al dejarnos en esta vida nos elevan a un estado evolutivo superior en base al dolor.

Mi Maestro me enseñó que ese dolor transmutado en desapego es el amor incondicional. Amor que es el punto de inflexión y de apertura de los registros akáshicos. Él me entregó la llave como un poema que resuena en mi trabajo presente.

Acceder a los registros akáshicos es para mi alma la felicidad de conectar a ese tiempo sin tiempo de la totalidad universal. Es superar cada día la desilusión de lo no manifestado en este mundo y comprender su rol en la obra suprema. Es revivir el aprendizaje con lágrimas que cicatrizan mi corazón. Es actualizar mi propósito de vida y alinearlo al universo.

Abrir y leer tus registros es solicitar a los Guías las melodías que te son propias y replicarlas.

---

[2] Título original Many Lives, Many Masters, traducción Edith Zilli, 1.ª edición: enero, 2011 © Brian L. Weiss, M.D., 1988

Es contemplar las imágenes certeras que te guíen en la manifestación terrenal de tus deseos, tus sueños, tus proyectos y tus metas. Es observarlas y es comunicarlas. Es ir colmando de abundancia cada paso que des en esta hermosa vida que nos encuentra hoy. Es transitar acompañándonos como almas consteladas que somos en un único momento de reencuentro, de reconocimiento y de unión.

Sea lo que sea, lo que deba ser será.

Hoy es un hermoso día. Hoy es el momento.

Gracias, gracias, gracias.

Así es. Así es. Así es.

La amistad y el amor

aprendizajes y bendiciones

el amor es aprendizaje

la amistad, bendición

Alguien me dijo alguna vez que entre la amistad y el amor prefería la amistad porque es un lazo para toda la vida. Y puedo decir con certeza que la afinidad es la energía más pura que trasciende sin conflictos la vida misma. La amistad es encuentro. Un concepto evolucionado que no precisa aprendizaje, sino que es vivencia práctica y cotidiana. El amor en cambio, se presenta con exabruptos y rupturas porque busca en el otro al opuesto complementario. La extensión de uno mismo abre el juego a la posesión del otro en el ser poseído. El amor vibra bajo en los celos y desconoce la individualidad. Parte del fuimos uno, abre la pregunta y confronta con la imposibilidad real de serlo en esta vida.

Ambas manifestaciones de la afectividad tienen por característica la reciprocidad y el respeto mutuo. Pero la amistad es sanadora por naturaleza, mientras que el amor es un aprendizaje forzado. Amor nace con apego e implica desencuentros. Muchas veces agobia en el excesivo control y se manifiesta en el polo opuesto del odio. Amor viene a enseñarnos que debemos evolucionar al desapego. Podríamos pensar que en algún punto son conceptos opuestos, pero prefiero decir que cuando hablamos de amor y de amistad hablamos de cuestiones radical y esencialmente distintas.

La amistad no puede evolucionar en amor ni el amor en amistad porque su esencia es particular, única y diferenciada. Como el agua y el aceite. En mi experiencia, también sé que la conexión se siente resonar en el cuerpo en centros energéticos diferentes. El amor llega como un flechazo directo al corazón con su pureza. El color blanco lo representa. Mientras, la amistad inunda con su luz nuestra coronilla trayendo bendiciones de felicidad y de alegría. Me inspira pensar en el color amarillo para su representación simbólica. En vida encarnada las almas se buscan, conectan y poco importa realmente su clasificación sino su efecto.

Transitamos eventos, situaciones, momentos y lo importante es lograr el disfrute del otro y con el otro en cualquiera de sus manifestaciones. Discernir y descubrir la esencia de las relaciones es clarificador para nuestros pensamientos, nuestros sentimientos, nuestras emociones y fundamentalmente, para nuestras acciones.

La lectura de energías presentes arroja luz a los lazos de amor y amistad. Facilita la confianza, la seguridad y el ajuste de comunicación y de expectativas mutuas. Reduce considerablemente la fricción, los malentendidos y el daño mutuo innecesario.

Sea amor. Sea amistad. Sea lo que sea, que se manifieste en beneficio de nuestra evolución y crecimiento de vida. Así sea, hoy y siempre.

El amor incondicional

almas gemelas

ayer hoy mañana

siempre

De la fuente creadora puro espíritu se desprende una llama vibrante. Llama que inicia su viaje con un proceso que culminará regresando a la luz divina. Llama que busca materializarse y descender a la tierra para encarnar. Llama que se divide en almas complementarias una primera vez. Llamas gemelas. Energía femenina y energía masculina. La luz dividida es ahora imperfecta y puede encarnar en humano. Vivirá buscando su otra mitad.

Pero desencarna antes del reencuentro. Intenta regresar a la fuente madre. No puede atravesar las densidades y unirse a la perfección porque su esencia es carencia. En su imperfección radica su necesidad de iluminarse. Así comprende que resta camino por andar en la tierra.

Por eso vuelve, pero se divide nuevamente. Irónicamente, en el esfuerzo por alcanzar su unicidad se multiplica. Esta vez comienza el proceso arquetípico que conocemos como la generación de almas gemelas.

Un día pregunté a mis Guías acerca del lazo de unión de almas gemelas para comprender las relaciones interpersonales. Los colores del arco iris inundaron mis sueños. Desperté y ante mí el mágico oráculo Whispers of Healing de Angela Hartfield y Josephine Wall reclamó mi atención. Barajé y elegí una carta que develó "Unconditional love". El amor incondicional fue la respuesta.

La intensidad de la atracción cotidiana entre humanos es la búsqueda por consolidar la sinergia de almas gemelas. El amor que las une es el poder de la creación divina. La incondicionalidad es por lo tanto la base del arquetipo de las almas que se reencuentran y reconocen por destino. El sentido de pertenencia al mismo grupo de almas es la motivación para alcanzar su unión en este mundo. Contra cualquier obstáculo buscan unirse porque uniéndose se elevan. Unidas se acercan cada vez más a la fuente de la cual provienen. Unidas buscan el objetivo de iluminarse.

Algo se transforma en este intercambio energético. Algo transmuta a otra cosa. Su poder es de tal magnitud que nada ni nadie puede separar la intención de las almas gemelas porque no es sumatoria su unión. Es la generación de una nueva forma a partir de dos energías únicas. Algunos dirán que esto se debe a que pertenecen a ese mismo núcleo creador. Por eso, a quien amo incondicionalmente es difícil definirlo.

No es reciprocidad de compañerismo, ni responsabilidad de cuidados. No tiene categoría en cuanto a status ni parentesco. Es atracción magnética, pero no es solamente eso. No es sólo físico, pero lo físico lo complementa y lo potencia.

Tiene el sabor de lo inevitable. Dulce en la calma y amargo en la tristeza. Nada lo compara con nada porque se confunde en las luces y las sombras. No tiene que ver con el aprendizaje de la vida sino con la suerte y el destino en su máxima expresión. No venimos a aprenderlo del universo porque éste nos enseña un amor evolucionado y responsable.

El amor incondicional nos trasciende y es nuestra base. Viene con nosotros mismos. A veces evoluciona y evolucionamos con él. Otras veces, a través de él. Pero venimos a desaprenderlo y desanudarlo. A seguir adelante con él. A atravesar el mundo a pesar de él. No tiene nombre ni tiene fronteras. Sólo está presente desde que puedo expresarlo en frases y poemas. Silencios y deseos. No es bueno ni malo. No conoce de justicia. Siempre es lo menos pensado, lo aparentemente incompatible. Es la vida que nunca hubiera elegido. A veces, es rechazo. En ese sentido se vuelve incomprensible e impracticable desde lo cotidiano. Entonces, aparece el consejo de los que miran de afuera el vínculo inexplicable con un sutil llamado de atención. El juzgamiento ajeno es su cruz.

El amor incondicional existe. No sabe de géneros ni de razas. No se limita en idiomas ni edades. No entiende de géneros. Puede manifestarse a través del libre albedrío humano tanto en la amistad como en el amor verdadero.

El lazo es eterno sin espacio y sin tiempo como las almas que une. Es pura conexión. Si estás pensando que esto es poesía tal vez no sea tan errado pensarlo de esa manera. Definir un arquetipo elevado nos ayuda a comprender lo incomprensible en las relaciones concretas. Facilita la superación de la barrera de la incertidumbre que genera la ignorancia y la extrema racionalidad.

Si puedes conectar con el sentir del alma de esa persona especial que late en tu propio cuerpo. Si puedes percibir desde de la emoción empática a ese ser humano que es un pedazo de tu alma. Si puedes a través de la risa o el llanto palpar el hilo rojo que lleva siglos reclamando su reconocimiento. No hay dudas de que ahora mismo el amor incondicional es.

Vívelo y déjalo ser.

Atracción entre opuestos

llamas gemelas

amor a primera vista

enamoramiento

amor real

Muchas veces nos preguntamos si existe el amor a primera vista. Si las sensaciones y emociones que experimentamos en ese encuentro fugaz y no planificado son producto de la predestinación o de nuestra imaginación. ¿Existe el flechazo de Cupido? ¿Qué nos sucede en realidad cuando se abre la puerta inesperada y repentina al enamoramiento?

Hoy recibí en mis manos el oráculo de la Sirenas de Lucy Cavendish y pedí que facilitara un mensaje para mi vida. La luz del sol más brillante me cegó un momento hasta que comprendí que estaba ante mis ojos la imagen más bella que he visto de la carta "Los Enamorados": "amoureux amoureuse epousez le divin en lui elle el en vous". Cásate con lo divino del otro en ti mismo. Esta frase me hizo pensar en la idea arquetípica de llamas gemelas. Contacto de amor humano inexplicable en el cual se abren todos los interrogantes y las reflexiones. Lo radicalmente opuesto y diferente ejerce una fuerza involuntaria de atracción en el primer contacto visual y físico.

Aparecen también los miedos y las inseguridades porque construimos nuestra identidad en función de lo que no somos, de lo que nos falta, de nuestras carencias.

Cuando ese ser divino de energía opuesta a nuestra identidad sexual se refleja en la realidad de un otro, la necesidad de fusionarse en ser único replica una idea rumiante y obsesiva en el plano mental. Dicha idea es la representación de un impulso que anhela el encuentro físico consolidador de la conexión álmica. Unidad que se ha dado en el plano espiritual anterior a la encarnación material y que reclama a primera vista la unión en esta vida.

Algunas veces sucede en términos de atracción que las similitudes y las oposiciones entre energías son menores o casi nulas. El encuentro con el otro se da armónicamente. Estamos ante la presencia de una alma compañera o un alma afín que viene a unirse con nosotros para acomodar y facilitar cuestiones prácticas de la vida cotidiana. Otras veces, el reconocimiento álmico nos hace pensar que somos iguales y no complementarios, apareciendo ante nosotros el concepto de alma gemela. El alma gemela tiene el sabor del destino y su conexión imanta.

Mientras que el alma gemela sería la mitad exacta en que nos hemos dividido en las sucesivas reencarnaciones, el alma afín sería alguna de sus ramificaciones. Por eso la compulsión por unirse no se presentaría en el reencuentro con el alma afín o compañera ni obstaculizaría el reconocimiento de las correspondencias entre almas: nos identificamos y vemos claramente que hemos pertenecido a una misma fuente. El amor entre almas afines se manifiesta en formas distintas al enamoramiento. Pero puede darse relaciones de parejas afines que compensen cuestiones prácticas y manifiesten estados cotidianos muy similares a la felicidad plena.

Lo que diferencia a las almas gemelas de las llamas gemelas es una cuestión de intensidad en la atracción. Intensidad que se da de modo exponencial en el reencuentro entre llamas. La fuerza motora de la unión es proporcional a la resistencia, lo que hará mucho más posible de manifestar en este plano un amor de almas que de llamas gemelas. La conexión de llamas es irreversible porque de un modo práctico supera al tiempo y trasciende al espacio en el mundo que habitamos. No es el vaivén del alma kármica que regresa por más aprendizaje, sino que es el hilo rojo vibrando en su máxima expresión. Es necesario comprender que vibrar con almas gemelas se da más de una vez en la vida porque las almas se separan muchas veces a lo largo de las diferentes encarnaciones. Su probabilidad de reencuentro real es más probable que con una llama única porque están disponibles en el aquí y ahora. Vibrando en frecuencia y receptividad de amor a lo divino en uno mismo podemos trabajar el nivel de atracción y facilitar el reencuentro de almas gemelas en este plano más de una vez en la vida.

Las llamas gemelas pueden o no encarnar simultáneamente. También pueden desencarnar durante el proceso de reconocimiento. Las variables que limitan su posibilidad de unión práctica son infinitas. Requieren de un gran trabajo espiritual en ambas partes para sostener y elevar el proceso de unión que abarca vidas completas. La compulsión extrema por completarse sólo se corresponde a las llamas gemelas, división primera del alma. La sensación de estar ante la presencia de una llama gemela no es deja vú de otras vidas porque tal vez nunca hayan coincidido antes en el tiempo del mundo.

La idea subyacente es que cuando se reencuentren, se reconozcan y se llamen necesariamente para unirse y elevarse a la fuente. Una sola vez en las vidas encarnadas se dará el reconocimiento mutuo para la unión definitiva. Este proceso llevará a la iluminación de ambos seres terrenales a través del ejercicio vital del libre albedrío. La iluminación amorosa no es en soledad, sino que es desde el amor con uno mismo a la unión con un otro.

La idea de amor entre almas y llamas gemelas es un arquetipo a través del cual podemos definir las relaciones de amor apasionadas. Enamorarse será por destino, pero también es un desafío de la voluntad. Un proceso que se inicia y que está en ambas partes llevar adelante. Más allá de la pregunta acerca de su real existencia, los conceptos arquetípicos de llamas y almas gemelas pueden contribuir a clarificar nuestras relaciones. Más allá de la fantasía ilusoria que me enamoró en la imagen oracular de "Los Enamorados", interpretar cuando esta energía se presenta puede guiar la manifestación del reencuentro y reducir la ansiedad.

Las sirenas atrapan a sus presas y las ahogan en el mar. Los icaros alados queman sus alas y mueren por el ego de querer llegar al sol. Un punto medio de unión en el cielo de la pasión mutua rescata a la sirena y al Ícaro alado de sus condicionamientos. No uno al otro, sino a cada uno. Este es el amor real sanador. Debemos buscar su máxima expresión en el punto medio espiritual-terrenal, más allá de los arquetipos.

El fluir del proceso de enamoramiento se inicia con el amor a primera vista. Guiado por la libertad, .la serenidad y la calma de ambas almas a través del tiempo configurará la estabilidad de los sentimientos. Y permitirá la libre manifestación del amor real.

.

Energías astrales

Los elementos

la energía del Aire

Géminis, Libra y Acuario

somos aire
aliento de dios
espíritu etéreo
mente
pensamiento

somos espadas
amistad
armonía
viento
temporal
y la más cálida brisa.

la energía del Agua

Cáncer, Escorpio y Piscis

somos agua
emoción
profundidad
imaginación
fantasía
movimiento
desborde
calmos como el río
intensos como la tempestad.

la energía del elemento Fuego

Leo, Aries y Sagitario

intuición
ego
somos fuego
energía vital
llama eterna
pasión efímera
dinamismo
bastos
sinceridad
dominancia.

la energía del elemento Tierra

Capricornio, Virgo y Tauro

enraizarse
somos tierra
estabilidad
concreción
oros
sentimientos
afecto puro
orden
meticulosidad
practicidad.

Signos zodiacales

Capricornio

decreta y concreta

Para Capricornio, la perseverancia está sobre la fuerza. Si se decreta, se concreta. Luchar es vencer. Por eso, mi Venus en Capricornio me acompaña a librar batalla por el amor real en el mundo. La Reina de Oros, madre de naturaleza manifestadora, guía mi paso desde el afecto puro a la materialización.

Día a día, trabajo para que la energía creadora se manifieste en todo lo que me rodea. Busco la meta más ambiciosa que es conectar con el amor de almas. Conecto desde el sentimiento porque sé que puede lograrse. Sé que con sólo sostener la rutina diaria auguramos el éxito. El ímpetu permanente es lo que me mueve. Me obliga a luchar sin rendirme. Aunque me lleve el mundo por delante y me golpee los cuernos contra la pared. Allí voy. En la pradera no hay límites. Siempre tenerlo todo es ir más allá de todo.

Así son los caprinos cuando vibran en positivo. Saben exactamente cuál es el camino. Mi deseo es que tomemos la energía de su sol para que podamos liberarnos de los condicionantes y las ataduras. Que el inconformismo nos guíe en la concreción de nuestros sueños. Que el aprendizaje nos ilumine y nos acompañe a alcanzar la moneda más valiosa: la auténtica felicidad compartida.

Acuario

amigos más allá de todo

"Con una pequeña ayuda de mis amigos" entro en el ciclo de mi cumpleaños. El lema nos define a la perfección. No hay aprendizaje que no sea ganancia porque Acuario siempre cuenta con un As de Espadas que le reparten sus amigos.

Almas gemelas, almas afines o compañeros de vida: amigos más allá de todo. Sin discriminar género, credo o religión, todo aquél que logre hacer vibrar alto a un Acuario será recompensado con su amor incondicional. El acuariano no reconoce reglas impuestas. Él mismo las crea y esa es su filosofía. Filosofía basada en sus relaciones de amistad y su red interpersonal.

Por eso, esta canalización es para los amigos de Acuario. Dedico este escrito a los que saben querernos con el corazón, sin reglas ni condicionamientos. Somos espíritus libres y almas errantes. Pero sepan que son ustedes quienes nos recuerdan la felicidad misma todos los días (aunque huyamos de los festejos el día de nuestro cumpleaños).

Para ver una estrella en el cielo es prioritario tomar distancia. Soplar las nubes del alto cielo y sonreír. Sólo así se logra comprender que su contemplación es parte de su brillo, su universo y su felicidad.

Piscis

eterna juventud

Puede llevar una vida entera desentrañar la habilidad innata del encantador de serpientes e interpretar los misterios ocultos de su sensibilidad y su indecisión. Peces de río, peces de mar, peces de aguas profundas, coloridos peces de acuarios o peceras caseras. Siempre vibrando en positivo con sus cardúmenes de parentesco y afinidad. Que nunca pierdan el optimismo. Que logren descifrar la diferencia entre la abrumadora fantasía y los sueños por cumplir.

Bajo su sol, la copa se llena para que brinden a su gusto y a su placer. La copa se levanta para que brinden por la eterna juventud.

Aries

rescatando el juego

La energía del sol en Aries nos impulsa al nuevo inicio de año zodiacal. Nos determina para liderar nuestros proyectos, nuestros sueños y nuestro presente.

Vibremos en iniciativa, abundancia, creatividad y alegría. Previo a comenzar el juego, generemos nuevas reglas que sean afines a nuestra esencia.

La llama se enciende y se abre la partida una vez más.

Abril. Let's go

Abril es Aries. Fuego. Iniciativa. Manifestación.

Pasión que se enciende con un chasquido y se aviva con la brisa suave. Abril es inestable y arrasador. Intuición. Energía que nos acompaña, nos ilumina, nos aporta calor y nos mantiene al abrigo.

Abril nos expone a correr el riesgo de apagarnos por el excesivo viento o quemar con sus llamas nuestros sueños e ilusiones.

Nos propone el juego kármico extremo para que trabajemos el equilibrio y la estabilidad.

Tauro

el amor compasivo

explorando nuestros

recursos internos

Tauro es una energía de paso lento, pero seguro. Pies en la tierra, firmeza y conciencia material. Para los que conectamos con la intuición y lo etéreo su energía vibra en nuestro lado masculino, aunque la gestación de los recursos simule la energía venusina de "La Emperatriz". Si hablamos de Tauro viene asociada la concreción terrenal y la facilitación de los recursos materiales necesarios para enfrentar el día a día. Tauro es constancia, tozudez y terquedad. Vibra alto en el trabajo duro y la perseverancia, enfocado a obtener máximos logros en la vida cotidiana.

El universo ha querido liberarme de los prejuicios frente a su energía. Bajo su sol, ha traído a mis manos un nuevo recurso para compartir con ustedes.

Un oráculo hermoso que compensa con ensueño poético la vibración regente. Su halo pisciano me ha conectado a la fuente para reflejarme en él y mostrarles mi trabajo cotidiano.

Días atrás reflexionaba acerca de la idea de la compasión como recurso fundamental para la guía de la sanación integral. Hoy se me muestra esta misma palabra en la carta del oráculo "Compassion" que representa la energía de este ciclo. Porque Tauro es además de todo lo expuesto, la calidez hogareña y la compañía terrenal bien entendida. Es la figura enraizada que emerge de la madre tierra y asume el color áurico del chacra coronario. Sanando emociones libera el alma desde la compañía del cuerpo físico a través de la práctica de la compasión.

Compasión es evolución de la conciencia humana. Compasión comienza con uno mismo para que sea con los demás. Desde lo más profundo de los sentimientos internos, explorando nuestros recursos, canalizo con el oráculo Whispers of Healing de Angela Hartfield y Josephine Wall este encuentro mágico y concreto a la vez.

Géminis

enamorados

mensajes del corazón

el mensajero que

conecta desde el alma

Ellos son los inquietos. Los niños ángeles del gemelo que es su sombra. Los que no temen a la diversidad. Los que vuelan con la mente. Los que siempre tienen el mensaje indicado en el momento indicado.

Vibrar con Géminis es compatibilizar el poder del intercambio y las relaciones comerciales junto con la libertad de elegir ser ángel o demonio. Para algunos será dualidad, pero se manifiesta como duplicidad. En el vaivén de sus alas son dueños de elegir cuando vibrar en sendas energías.

Vibrar alto con Mercurio regente de Géminis es conectar con el arcángel Gabriel sanador del karma. Él nos facilita la conexión con los registros de nuestra propia alma, anunciando las bienaventuranzas. Nos acompaña a sintonizar con la real existencia y la unión por destino de las almas gemelas.

El arcano mayor n°6 "Los Enamorados" del Tarot Dreaming Way de Rome Choi conecta con esa inocencia etérea y nostálgica de Géminis al enamorarse. Vibremos con su energía y dejemos fluir los mensajes de amor. Conectemos sin apegos desde el alma.

Leo

pasión y creatividad

"La Fuerza" y "El Sol"

medicina de mi propia sombra

Los reyes del zodíaco. Flamantes felinos de alta vibración interna y brillo exterior. Los únicos capaces de hacerle competencia al astro rey que es su regente. Ellos son los que viajan con la suerte en su aura y contagian la energía vital a quienes los rocen (aunque apenas sea un instante). Deslumbran hasta cegar con su calidez personal. El peligro mayor, despertar su ira interior y ser fatalmente devorados.

El período de sol en Leo destaca por su desapego felino. Los caminos se abren de la mano de la divina providencia y la energía que nos contagian día a día como artistas de la luz.

El amor en mi vida hoy se representa en un león. Carne de mi cuerpo. Luz y guía de mi alma. El sol que día a día me enseña a sanar mi alma emocional y me entrega la medicina más pura con mi propia sombra. Mi hijito encarna mi energía opuesta complementaria. Esto es sabiduría universal.

Cáncer

madres hay tantas como vidas

dar gracias amorosamente

respirar en calma

mirar hacia adelante

con esperanza

la clave está

en aceptar tu guía

Los cancerianos son los maternales del zodíaco. Los que con su mirada contenedora nos conectan con la energía divina del cuidado y la entrega al otro. Los que son madres sin importar el género. Los que llevan el estandarte que nos guía a mirar el futuro con esperanza. Generadores de vida y gestores del hogar. Ellos son los más sensibles y emocionales de su elemento. Los que se ahogan en un vasito de agua mientras sueñan sueños de arena y sal. Cangrejitos acorazados impenetrables, amantes del amor.

La energía del sol en su regencia nos guía con énfasis en la realización personal de la familia, para la familia y por la familia. Demos gracias amorosamente y respirando en calma. Con tu perro, tu gato, tu mamá, tu papá, tus niños, tus pececitos, tus hijos biológicos o tus hijos de la vida, tus nietos, tus sobrinos, tus ahijados: donde está tu familia está tu felicidad. La felicidad se transita en el compromiso del amor al otro.

Este compromiso se manifestará en esta vida en aquello que vivamos con entusiasmo y retribuya la vibración más pura. La sagrada conexión con la energía de la Luna y la fertilidad hacen la diferencia a la hora de descubrir a Cáncer.

En épocas de oscuridad y muerte, ellos nos dan la vida.

Virgo

bajo el sol

trabaja duro sobre ti mismo

Virgo es la fuerza del emprendimiento y el perfeccionismo obsesivo. La capacidad de trabajo, la voluntad de ser fiel a uno mismo y la fortaleza de responder a las prioridades. Difícilmente lo veamos desistir en la concreción de las metas. Virgo es la meta.

Virgo también es la madre tierra y la naturaleza. Es la Virgen Madre canalizadora. Es la Madre que con su energía de conexión espiritual todo lo puede hasta dar a luz al Hijo del Padre. Ella es la que hará encarnar la energía divina. Virgo luchará en lo concreto del día a día para que nada le falte a todo aquel que haya adoptado como hijo.

Virgo nos ilumina para que manifestemos su brillo con la energía puesta en el trabajo cotidiano. También nos alerta acerca de su lado oscuro que es la omnipotencia y la ambición.

Virgo es la energía del trabaja duro sobre ti mismo. La energía representada en la carta 8 de Oros del Tarot que ejecuta tareas rutinarias a la espera de una compensación acorde a su sacrificio. Su esfuerzo en el plano material de los afectos y las riquezas persigue un resultado único. Esta es la energía más noble y más enfocada que podamos alcanzar bajo su sol. Aunque las aguas se vuelvan turbias, la oscuridad aceche y las ánimas anden sueltas, la clave es permanecer con los pies en la tierra. En el nombre del Padre, del Hijo y más que nunca del Espíritu Santo.

Libra

merecimiento y compensación

este es tu tiempo

justicia del hombre

justicia divina

vive y espera

todo llega

Hay dos tipos de justicia: la justicia de los hombres y la justicia divina. La justicia de los hombres busca por analogía la justicia divina en la tierra. Organiza y delimita. Evalúa pruebas y categoriza pericias. Su deber es equilibrar y compensar a la sociedad a través de dictámenes justos. Pero lo justo no siempre es lo deseado. Por eso cuando pedimos justicia debemos analizar y revisar atentamente nuestras expectativas de reclamo. Esto evitará la frustración tras el veredicto.

Bajo el sol en Libra es tiempo de reflexionar acerca del límite y de la diferencia entre nuestro deseo de justicia y el grado de merecimiento. Hay un tiempo que tras haber experimentado la justicia en el ámbito de los hombres llega a nuestra vida la justicia divina. El viento parece susurrar la frase tiempo al tiempo cada día previo a su inminente manifestación. La melodía declama con el resplandor del merecimiento.

Tiempo divino parecen replicar las trompetas afinadas en una canción celestial. Todo llega. No es el día del juicio final de todos los tiempos. Pero el universo conspira en cada final de ciclo que transitamos en esta vida. Cada ciclo que iniciamos experimenta un final que debemos recibir con los brazos abiertos como una bendición. Un paso a la nueva gestación. El nuevo comienzo en el mundo que nos sintonizará y nos alineará a la abundancia en su máxima expresión: manifestar lo que necesitamos en el momento que lo necesitamos.

Esto es lo justo y necesario para la vida.

Escorpio

ave fénix

transformarse o morir

Escorpio ha venido a enseñarme que no hay transformación tangible sin muerte previa. Porque la muerte es en esencia transformación. Los cambios profundos y los cierres de etapa abren caminos. Permiten elevar el nivel espiritual.

Las Reinas de Bastos lo saben. Alquimistas por intuición y brujas por naturaleza. Ellas han transmutado del agua al fuego líquido. Su elemento es representado por la lava del volcán. Aunque a veces nos sofoquen en la búsqueda por sacar todo a la luz son lo que son: luchadores con pasión de temas emocionales. Mujeres de vibración alta con fortaleza, virtud, defectos y caprichos. Hombres con cualidades y capacidades espirituales que trascienden lo que tocan. Seres que logran sacar agua de las piedras en cada momento y en cada relación.

Extremos en su amor y fatales en su odio. Son la energía inevitable en este paso kármico por la tierra. Porque siempre que haya vida, algún aprendizaje trascendente nos dejará Escorpio.

Sagitario

máxima velocidad

a rienda suelta

"El que no corre vuela" relincha en un soplido. Cabalga distante a través de las normas impuestas y se aventura en busca del mundo ideal.

Detrás de cada sueño sagitariano deviene el despertar que guarda la libertad como meta. Donde viva el espíritu de la pasión habrá posibilidad de manifestación para el caballo salvaje. Será una esperanza solitaria transitando el camino. Siempre fiel a sí mismo. Su energía vibrará en independencia, aunque conviva en el hipódromo. Podrá brillar de ego en el podio, pero nada se comparará a que suelte su rienda y pruebe la pradera o la playa infinita.

Por los campos de ensueño donde no hay norma ni ley estará su felicidad. La libertad es espejo de la vida. Donde seas libre Sagitario, tu alma sanará.

Canalización Luna en cuarto menguante

lo imposible sólo tarda en llegar

work hard, play hard

see you

Las semillas que tardan más en germinar se siembran en cuarto menguante.

Quien siembre, cosechará.

Canalización Luna Nueva

"La Muerte"

arcano mayor n°13

la buena suerte

A los fines de ciclo los acompañan los silencios. En los silencios brotan las preguntas. Algunas veces la vida nos pone en situaciones donde hay disfrute cotidiano, pero hay carencia. Simplemente no hay tierra fértil para compartir vivencias, proyectos y no hay voluntad mutua de crear condiciones para sembrar sueños. Entonces sea por la distancia, las prioridades, los intereses opuestos la energía decanta en favor del cierre de ciclo. Cerrar etapas es funcional al llamado de la abundancia que vendrá con el renacer.

El arcano mayor n°13 del Tarot "La Muerte" es el mensaje que nos llega cuando se presentan estos cierres. Algunas veces el destino da un empujón a aquello que la voluntad parece negar. Dejar la puerta abierta es nuestra autodefensa. Es una manera de invertir nuestra energía en intentar detener el fin evidente.

Cuando atraemos esta carta como respuesta a nuestras preguntas podemos leer transmutación, cambio y todo aquello que cae por destino. La Luna Nueva me hizo reflexionar con sus señales y sus mensajes acerca de un cierre de ciclo en mi vida. El fin llega siempre para dar lugar a un nuevo comienzo.

Interpretar esta energía en el presente es entender que la muerte lleva implícito un futuro próximo de inicio. Aunque todavía no podamos verlo, el ave fénix levanta vuelo.

Auguremos el nuevo comienzo que sumará verdadera felicidad a nuestras vidas. Felicidad que atraemos con nuestro trabajo diario y cotidiano. Vibración positiva que algunos llaman la buena suerte.

Canalización Luna creciente en Aries

nada sucede por casualidad

día 1

Santa Bernardita en Lourdes

Peticionar por lo imposible exige un movimiento de energías interno y externo. Lo que se nos presenta como imposibilidad es una cuestión de punto de vista. El límite en la manifestación lo fijan las circunstancias. Los apegos en el tiempo y el espacio determinan nuestra vida cotidiana.

Pedir al universo aquello que trascienda los límites de lo posible exige un salto de fe.

¿Estás preparado para hacerlo?

Canalización Luna creciente en Tauro

nada sucede por casualidad

día 2

"El Ermitaño"

arcano mayor n°9

agradece tus recursos

agradece aquí y ahora

wish

Estos son tus recursos: con ellos hablas, escribes y te relacionas con los demás. Estas son tus fortalezas. Llevas la luz del farol en una mano y el bastón de la prudencia en la otra.

Ya estás listo. Avanza con paciencia y firmeza. Ilumina paso a paso. Deja atrás el camino incierto y camina rumbo a la manifestación de tu petición.

Canalización Luna creciente en Géminis

nada sucede por casualidad

día 3

la dualidad

ni principio ni final

hombre o mujer
ser o no ser
estar o no estar
ir o venir
decir o callar
éxito o fracaso
blanco o negro
luz o sombra
positivo o negativo
encuentro o desencuentro
opuesto o complemento

sostener la dualidad
transmutar la energía
transitar el camino

victoria es templanza

fluir y sanar.

Canalización Luna Llena en Virgo

súper luna

cheer up

Hoy la Luna llena se abrió paso entre los árboles del jardín botánico de mi ciudad. Se hizo presente redonda, limpia, brillante. Súper luna. Me dejé atrapar en su contemplación y detuve mi paso apurado. Su mensaje de renovación y renacimiento inundó el presente. Reina de la noche susurró un secreto: la clave es liberarse de las ataduras autoimpuestas. La felicidad está por venir.

Sincrónicamente alguien recitaba este poema en un sitio de ensueño en el país vecino. Unas horas atrás la puesta del sol imponente parecía alinearse a estos preceptos mágicos en el Castillo de Piria.

"Felicidad" de Sophia de Mello Breyner Andresen
por la flor por el viento por el fuego
por la estrella de la noche tan límpida y serena
por el nácar del tiempo por el ciprés agudo
por el amor sin ironía
por todo
lo que atentamente esperamos
reconocí tu presencia incierta
tu presencia fantástica y abierta.

El tránsito de Mercurio retrógrado

el pasado es sólo apariencia

callar gritos del cuerpo

fluir voces de la mente

silenciar el alma

aquietar el espíritu

"Cada cierto tiempo, los planetas parecen detener su movimiento en los cielos e ir en retroceso, lo que se llama movimiento aparente retrógrado, mejor conocido como retrogradación de los planetas. Este movimiento retrógrado o apariencia de retroceso es consecuencia de la diferencia entre las velocidades rotacionales de los planetas, al verlos desde un punto también en movimiento." Así reza Wikipedia y le tocó su momento a Mercurio.

El movimiento en retroceso aparente de Mercurio nos trae de vuelta situaciones kármicas de un pasado no resuelto. Eventos, personas y objetos aparecen súbitamente frente a nosotros alzando su voz con cuestiones que aún no hemos aprendido. Nos enfrentan nuevamente al desafío de soltar. Está en nosotros la voluntad de hacer oídos atentos, poner el cuerpo a dichas voces, calmar sus gritos abrazándolas en nuestra alma y sanar. Sanar de una vez por todas para soltar al universo y que no vuelvan a surgir en el próximo retroceso de Mercurio.

Si hemos sincerado nuestro espíritu, nuestro cuerpo, nuestra mente, nuestra alma y hemos aprendido la lección propuesta no volverán nunca más a reclamar su presencia. Habremos demostrado al universo que pudimos dar el salto evolutivo y estamos listos para afrontar nuevos desafíos.

Pero si no hicimos el trabajo como es debido todo volverá indefinidamente en próximos períodos. En este tránsito mejor no establecerse, no firmar contratos, no concretar relaciones en vistas a un futuro de estabilidad.

En mi experiencia, estos días han sido de mareos, movimientos abruptos, impulsos irrefrenables a sanar karma de vidas pasadas. Muchos bloqueos al hablar y no poder decir. Tartamudeos e impedimentos en el ámbito de la comunicación. Mensajes y llamados que no llegan a destino.

Debemos evitar que Mercurio retrógrado se convierta en una excusa para justificar nuestra frustración y quedarnos cruzados de brazos. Esperemos que esta vez las idas y las venidas concluyan. Que podamos sanar a través de ellas. Que logremos callar esas voces clamantes. Que quede menos polvo para limpiar en el próximo período.

Feliz retroceso aparente porque al fin y al cabo el pasado es sólo apariencia. Sigamos adelante.

Y algo más…

La noche de reyes

awesome

Hoy expreso mi amor verdadero a quienes me han enseñado que no todos los magos visten galera y no todos los reyes cargan corona. Por ese motivo necesitamos saber mirar con ojos sinceros para descubrir quiénes son ellos: los que poseen el corazón de oro y la magia en sus manos.

A mis reyes y a mis reinas, a mis magas y a mis magos que me han regalado las ganas de volver a soñar con lo imposible. A aquellos que nacieron para ser increíbles y no perfectos hoy quiero regalarles un poquito de la luz que me ha prestado el universo en esta vida.

Quien quiera oír que oiga. Quien quiera ver que vea. Detrás de estas líneas simplemente hay un agradecimiento por estar en mi camino desde siempre y para siempre.

Canalización arcángel Jofiel

divina providencia

good morning

Lo que hoy no vemos con claridad es lo que saldrá a la luz mañana.

Transita.

Vive.

Maternidad

luchando por amor

por infancias y adolescencias

libres de etiquetas

Por las madres que luchan con amor día a día por sus hijos.

Por su libertad.

Porque en esta vida soy madre creo y sostengo que esta es la mayor enseñanza que desde el amor podemos darle a nuestros niños: la libertad. No permitamos que nada ni nadie encasille ni etiquete nunca a nuestros niños. Ni a ellos ni a nosotros.

Que nuestro amor por ellos todo lo trascienda siempre.

Que la vida siga mostrándonos cuál es el verdadero y fundamental aprendizaje diario.

Canalización Guadalupe presente

portal 333

12-12-2019

cruza la puerta

el mundo que vos cr3ás 3stá 3sperándote

Los vientos y del cambio

la vida ya no es igual

Hace unos meses descubrí que la cruz del sur brilla frente a mi ventana en todas las noches estrelladas y que la luna sale a distintas horas según los meses del año. Entonces sucede que no la veo y la extraño al mirar el cielo.

Hace unos meses develé al lucero brillando redondo inconfundible justo antes del amanecer a la hora de los ángeles.

Hace unos meses comprendí que contemplar la tormenta ayuda a superar todos los miedos.

Me gustaba dormir la siesta con la persiana levantada, pero nunca había disfrutado tanto de mirar el cielo en la noche. Pasé quince años de mi vida cerrando la vista externa de la habitación cuando oscurecía y casi cinco años con la cabecera de mi cama mirando hacia la puerta. Pero hay cosas que cambian y no sabemos exactamente cuándo y por qué cambian. Simplemente cambian.

Sentimos que el viento sopla y acomoda los elementos para nuestro beneficio. Los muebles rotan y las energías armonizan el espacio. La luz de la luna ingresa para barrer toda la negatividad.

Desde que eso sucede podemos ver con claridad sea de noche o sea de día. Y algo nos dice que la vida ya no será igual.

Merecimiento y reciprocidad

I love you

Años atrás. consideraba que regalar flores era un gesto de excesivo romanticismo y no estaba abierta a él. Pasó el tiempo y comencé a espejar esa actitud de rechazo en otras mujeres. Entonces me rebelé contra ella. Me rebelé contra la rebeldía misma porque me identificaba en un grupo al que tampoco quería pertenecer. Porque clasificarnos nos limita.

Para desafiar el limitante empecé a ofrecer flores como ofrenda a mis Guías en las peticiones y a personas queridas. Asumí que el marchitar de la belleza de una flor no es más que una representación de todo lo que nos apega en esta vida. El cuerpo se encoge. El color se apaga, pero el gesto prevalece. El alma de la entrega queda flotando en el aire para recordarnos su belleza. El sentido común dice que alguien deberá podar las flores marchitas de la planta. Por eso el gesto de tomarlas en su máximo esplendor y ofrecerlas a un otro tiene que ver con el concepto de merecimiento. Damos a quien creemos que merece. Transmutar esta actitud iluminó mi sentido del merecimiento. Si bien no empecé a recibir flores, mi nueva visión reinterpretó el concepto de reciprocidad.

Decir amor en ese gesto auténtico de entrega es nada más y nada menos que atraer la reciprocidad del universo en cualquier otra representación simbólica. Las flores serán silencios, palabras, momentos, caricias, miradas. Serán complicidad.

Comprendí que abrir la receptividad a las flores era aceptar todas estas vibraciones amorosas que llegaban a mí. En primera instancia, para enseñarme a ejercer el respeto a mi persona y a lo que merezco. Visualizar el merecimiento es el primer paso que posibilita la receptividad del amor verdadero.

Libre albedrío

en el nombre de la libertad

Reflexionar sobre el concepto de libre albedrío es un gran desafío. Las cartas muestran un aspecto de la energía presente. En ningún caso son un condicionante sino más bien una tendencia. Somos hombres y mujeres libres de acción creadora de nuestro propio destino. Entonces nos preguntamos concretamente qué significa esto, qué es lo que debemos hacer y cómo seguir adelante.

Si las acciones se desenvuelven de un modo dinámico y positivo le ponemos un rótulo: decimos que vibramos alto, que fluye la energía, que estamos sanando y cualquier otra frase afín. Éste es el momento en el que estamos ejerciendo la más pura libertad. Con este ejercicio las prioridades se vuelven transparentes y ya no tenemos que justificarnos ni dar explicaciones de lo que hacemos. El libre albedrío es transitar la vida sin ataduras y sin prejuicios corriéndonos del lugar de seres omnipotentes. No hacemos ni atraemos lo que queremos a nuestra vida. La fuerza de la ley de atracción nos facilita el contacto con todo aquello que es bendición para nuestra alma.

Cuando vibramos bajo nos detenemos en el camino, somos presos de decisiones pasadas, compromisos, malentendidos y la acción se limita en ese sentido. No somos seres libres, sino que pagamos el precio con más o menos éxito de querer dominar el universo. Pero el mundo gira, el viento sopla, el corazón late, aunque pongamos una venda en nuestros ojos y tapemos el sol con un dedo.

Es claro que podemos optar por negar o aceptar la realidad. Podemos optar por conectar con la fluidez, el movimiento, la dinámica misma del universo: lo que es positivo para nosotros y todo lo que nos rodea. O podemos optar por bloquear las bendiciones y sostener nuestras acciones con falsos paradigmas, creencias, tradiciones, esquemas que justifiquen y que confundan estabilidad con estancamiento.

Podemos decir que somos responsables y escudarnos en el deber ser para detener la evolución de nuestra alma. O podemos manifestar responsabilidad en un compromiso claro con nosotros mismos. Podemos elegir una opción vivir o morir en vida: en el nombre de la libertad.

Canalización amanecer en Piriápolis, Uruguay

bendiciones del universo

abre tu percepción
a las bendiciones
que el universo trae
para ti.

Be my valentine

happy Valentine´s Day

- ¿Qué dice ahí, mamá? - pregunta mi hijo señalando la maceta de mi planta favorita

- Valentine.

- ¿Se llama Valentina?

Ella es la espada de San Jorge, mi protección y mi Guía.

El tiempo, el sol, la erosión diaria va borrando el nombre escrito en la maceta. Pero ella es y será siempre my happy Valentina.

Manifestación de los deseos

manifestando sueños

cada cumpleaños

Podemos manifestar nuestros sueños recibiendo las bendiciones que el universo tiene para nosotros. Las altas vibraciones llegan en modo de mensajes de texto, audios, saludos, pensamientos, besos, abrazos. Cada uno es un granito de arena que dará lugar a un sueño cumplido. Esta sinergia de nuestro grupo de almas es lo que potencia la concreción de aquello que deseamos individualmente.

El día del nacimiento y cada cumpleaños es un día muy especial de manifestación: prendan una vela y soplen con la determinación del fuego.

Lo que damos, es lo que nos regresa. Sólo hay que hacer nuestra parte y ver con claridad la lluvia bendita que cae del cielo.

Canalización flores en otoño

quién dice, quién dice…

¿quién dice que en otoño

no hay flores?

Florecer es un resultado de variables que normalmente asociamos al clima, a una época del año y a un ciclo de la vida. Como todo lo que está determinado por el tiempo en el mundo necesita sincronías, eventos que se sucedan, causalidades que vibren en lo inexplicable: ingredientes mágicos que producen la alquimia.

Hace unos días estoy buscando flores para celebrar el equinoccio y finalmente la magia se hizo realidad. Apareció frente a mis ojos el ramo más lindo de otoño.

Canalización mi niño interior

sanar el niño interior

risa - niño

conectar con el placer del juego absurdo
la expresión espontánea
liberar los tabúes y los prejuicios con la risa
abordar con una mirada diferente lo conocido
sobrevolar con inocencia el absurdo de lo cotidiano
enfrentar el fracaso del deber ser en la madurez.

Canalización Julio Cortázar

amor y gratitud

love Julio

No sé si al primer amor, pero a él siempre se vuelve.

Porque estos amores son los que nos renuevan y nos recuerdan el sentido de la vida.

Aunque tengamos que dibujarles golondrinas.[3]

Canalización descansar en paz

despertar el cambio

24 de marzo

día de la memoria

La tristeza y la angustia son cosas distintas. La angustia es una alteración de nuestra percepción del mundo. En cambio, la tristeza es una emoción que nos permite conectar con la aceptación del mundo tal y como es.

Podemos encontrar en este reconocimiento de nuestro ser la paz interior. Piedra fundamental para construir el cambio.

---

[3] sobre texto "Tortugas y cronopios" del libro de Cortázar, Julio Historias de cronopios y de famas. - 1ª ed. - Buenos Aires: Aguilar, Altea, Taurus, Alfaguara, 2014.

La empatía está sobrevalorada

empatía y compasión

andar de pies descalzos

en compañía

Hace días resuena en mí esta frase. Hoy particularmente me paraliza y no he podido salir de mi casa. Es mediodía. Tengo varios temas pendientes que hacer y sencillamente, no puedo ni calzarme los zapatos. Siento que debo tener ya puesto un par que no me he quitado porque no me entran los míos.

Quien haya acuñado la frase: "hay que ponerse en los zapatos del otro", hoy sé que es algo que nunca experimentó a conciencia. La empatía no ayuda a nadie. Ni al que transita el problema, ni al que intenta ayudar. Si te saco los zapatos y me los pongo empezarán a dolerme porque no son de mi talle. Porque no he acumulado la experiencia que te llevó al dolor que te representan. Te dolían a vos y me dolerán a mí. ¿Qué hago con eso? ¿Qué sano con llevar tu dolor?

Sentir el dolor ajeno en el propio cuerpo es reflejar emociones, sensaciones, sentimientos, traumatismos reales y tangibles. Es una experiencia poco deseable para cualquiera. Hay una moda en reclamar empatía en el otro como si fuera una virtud o un valor. Es en algún punto un ejercicio útil en el sentido que ayuda a expandir nuestra conciencia y facilita la visualización del lugar dónde radica el dolor ajeno. Pero puede transformarse en una espada de doble filo y un limitante en el trabajo diario de asistencia al otro.

Posible es posible. Las energías se experimentan, se comparten, se contagian. Las vibraciones altas acompañan en el proceso de iluminación. Las bajas nos arrastran y absorben. Quiero decir con esto que he llegado a entender y asimilar que la empatía como recurso de asistencia está sobrevalorada. Facilitar ayuda es enseñar a descalzar, no es de ninguna manera cargar con zapatos ajenos. Si lográramos hacer conectar al otro en el tiempo presente y el espacio consciente mostrando los recursos para que pueda detener su paso y dejar a un lado el tormento que lo aqueja, estaríamos ejercitando la sana compasión. Si lográramos por un momento iluminar el camino para pueda quitarse el calzado y caminar descalzo un instante experimentaríamos un salto evolutivo aquí y ahora. Lograríamos ver el fluir de la sangre por su cuerpo, el latir del corazón orgulloso de estar vivo. Ese otro al que asistimos sentiría la emoción y el poder en sus propias manos. Comenzaría el camino de nuevas vivencias individuales palpando con las plantas de sus pies el toque mágico de la madre tierra. Volvería a sentirse vivo.

Llevar la cruz ajena nunca ha sido una solución para nadie. Tampoco lo es cargar con sus problemas y sentir su dolor. Si buscamos ayudar y acompañar el tránsito de procesos de transformación, cambio, angustia, ansiedad, depresión y soledad, la empatía es contraproducente. Recursos y herramientas nos sobran para ofrecer otras alternativas porque en primer lugar debemos preservarnos y protegernos.

El otro necesita de nuestra mirada, nuestra sonrisa, nuestro ser. Vibrar alto es transitar sin miedo, con amor y con paciencia junto a él. La verdadera ayuda está en la compasión, valor supremo a la empatía. Ser atento y piadoso al sufrimiento es más servicial que dejarnos llevar por él. Por eso mismo, te invito a que dejemos de lado nuestros zapatos y andemos de pies descalzos. La próxima vez que alguien camine a nuestro lado no intentemos calzar sus zapatos. La luz guía marcando el rumbo. Sólo intenta iluminar sus penas y espera. Cuando descalce un nuevo camino habrá comenzado para él y para ti. Transitar la compasión es el valor más elevado de la conciencia humana.

Canalización mensaje de Navidad

la visita del ángel en Navidad

sanación a través de la conciencia

conectar con nuestro niño interior

volver a nacer

arcángel Gabriel

Un ángel vino a visitarme en Navidad y me dejó un mensaje de paz. Vino a decirme que ellos nos guían y nos conectan en unidad a la energía del universo. Energía que siempre calma. Siempre es luz. Siempre es compañía. Estaba sola y Él vino a visitarme porque nuestros ángeles nunca nos abandonan. Ellos están siempre a nuestro lado. Pero su presencia se manifiesta más claramente cuando pedimos asistencia.

En mis registros, las Navidades han dejado una sensación de inquietud y tristeza. Más allá de la sensibilidad o la empatía social que experimento en estos tiempos, la vivencia propia de las fechas me regresa como un búmeran cada vez. Por ese motivo llamé a mis ángeles y Gabriel vino a visitarme. Abrí la puerta en el momento menos pensado y Él me ayudó a establecer la conexión. Necesitaba esa mano amiga que viniera a guiarme para trascender las emociones y superar las frustraciones cotidianas. En un segundo de este espacio tiempo susurró que somos expertos en desencuentros. Abrió sus alas y me abrazó.

La anunciación se revela en cada uno de nosotros. La sanación a conciencia conecta con nuestro niño interior. Volvamos a nacer hoy. Seamos libres de ataduras materiales y dejemos que la luz guíe nuestro camino. Simplemente conectemos. Seamos canal. Nuestra voluntad será siempre guiada al reencuentro con uno mismo. Transitando distancias y atravesando obstáculos. Así veremos claramente que nunca estamos ni estaremos solos. El único encuentro posible se da con la energía que somos como grupo de almas en ese otro plano al que los Guías nos conectan. La densidad superior donde somos uno.

Canalización fin de año

mensaje universal

3,2,1

prueba superada

1,2,3

el futuro ya llegó

Las cartas están jugadas y la suerte, echada. El año se va porque acepté, aprendí y transmuté.

El año me espera resiliente en otra etapa. Estado que no será permanente porque hay en camino un nuevo rumbo y con él se abre un nuevo aprendizaje. Esta es la lectura de mi energía que replico a mi red de almas. El universo me guía y conspira siempre a mi favor. Mi deseo es que todos y cada uno de ustedes encuentren en el camino la energía Rey de Copas para coronar la entrega emocional que alivia angustias y descomprime el corazón. Que sea una inversión de 7 de Oros en el sentido que establezca, enraíce y estabilice el descubrimiento de nuevas vibraciones, nuevos talentos y nuevos sentimientos. Dejemos atrás el amor inmaduro Sota de Bastos para vibrar en la frecuencia del amor responsable.

Sea este nuevo comienzo con salud, dinero y amor por siempre.

Para ver con claridad nuestro futuro no hace falta más que transitar nuestro presente.

Cerrando puertas se abren caminos.

Mensajes oraculares

1.

cuando tu alma gemela
te rechaza con su libre albedrío
el universo te compensa
enviándote un alma afín

ama
ama con alegría
ama con esperanza
nunca dejes de amar
el amor
siempre será tu compañía.

2.

hoy pedimos
conectar
coincidir
compartir

hoy
agradezco
conectar
coincidir
compartir

la vida nos pone
en este lugar
esta es mi petición
y mi agradecimiento.

3.

el amor es la única magia
eficaz que desata nudos.

4.

suelta tus miedos al viento
despide al otoño
con una palabra dulce
y un deseo cumplido

los ciclos se cierran
la rueda gira
avanza
la vida continúa

florece en un abrazo
que te espera al final del día
será primavera.

5.

vive
sin expectativas
y sólo recibirás
bendiciones.

6.

incondicional
sin ninguna excusa
el sol sale para
iluminarte
abrigarte y decirte
que nunca estarás solo
que su luz es inagotable
y lleva una eternidad
siendo tu compañía.

7.

soltar emociones
espejismos de aguas turbulentas

conectar
desde lo concreto
de los sentimientos.

8.

un ángel vino a visitarme
y dejó un regalo
para ti
1 suspiro y 2
silencios
3 noches de luna
llena y 4
rayitos de sol
1 secreto y 2
miradas
cómplices
para que
disfrutes el día
y seas muy
feliz.

9.

agita las aguas
echa leña al fuego
abre las ventanas
y deja que el viento levante
la tierra

vive
lo que no se mueve
y no fluye

muere.

10.

que la vida
es aquí y ahora
mirarse a los ojos
fundir los tiempos

que la vida es eso que yo llamo amor
energía sin tiempo y sin espacio
que nos une
con intención y sin contratos

te enseño
que somos
madre padre hermanos
amigos
reconociendo
el nombre y el cuerpo
que elegimos
para reencontrarnos.

11.

los momentos
difíciles ponen a prueba
nuestros valores
la rectitud
la fortaleza
la solidez
las relaciones kármicas
se esfuman
y la unión de almas
prevalece.

12.

puede ser
que no estés
con tu alma gemela
pero ella
siempre te pertenecerá.

13.

que las ataduras
se rompan
y sólo los lazos
persistan

que tus sueños
y proyectos no te impidan
disfrutar el día
hoy

toma una flor
que te invada su aroma
ya llegó el momento
de la primavera.

14.

sanar
es liberarte
de los condicionamientos
para disfrutar
hoy tu vida.

15.

amar
con cuerpo alma mente
corazón y vida
es la medicina
más eficiente.

renaciendo

hagamos un pacto
que sea
dejar a un lado
las espadas

tu silencio
abrió la herida
más profunda
mis palabras

libraron la última batalla a corazón abierto.

el viento y el mar
irreconciliables
el juego terminó.
en la próxima vida

tal vez
el tiempo nos enfrente cara a cara
sin palabras
ni malentendidos.

hagamos un pacto

en esta vida
mi alma
destrozada por el filo
de la indiferencia

no pudo ni supo quererte.

17.

vibra positivo
en tu elemento
la energía fluye

con el trabajo cotidiano
se hace posible
el cambio en tu vida

tus sueños y tus ilusiones
viven en ti.

18.

algunas almas atraviesan
con su brillo
las armaduras más potentes
y nos devuelven
a nuestro centro

nos obligan a ser nosotros
mismos con una mirada y
una sonrisa.

19.

mi alma abraza
a tu alma
desde, por y para
siempre.

20.

no desestimes nunca
una sonrisa tuya
que puede sanar
a un desconocido

sal a la calle a cambiar
la vida
de quien te cruces
en el camino hoy.

21.

dar
tiempo al tiempo
despedir
soltar decir adiós
con y por
amor

seguir adelante
transmutar
recibir
un abrazo
una mirada
compañía

aquí y ahora
reinventar
redefinir
la vida.

22.

acerca de lo imposible

hay una palabra
una vibración
una fotografía

hay un silencio
que quiebra
la distancia

el mismo aire
que nos une
el vértigo de la lejanía

la ironía
de pensar el tiempo
y su posibilidad.

23.

los nuevos comienzos exigen un salto al vacío

un
te amo
pero
me amo

una
disculpa
si te lastimé
me lastimé

un gracias por cada aprendizaje de mi vida.

24.

cuando dejé de fijar
mis ojos en el detalle
de los gestos y de las facciones
empecé a ver en todos los seres
la belleza verdadera

su luz.

25.

los encuentros son
alegría
los desencuentros
fortaleza.

26.

sos la luz
sos mi fuerza
sos mi límite
y mi compañía

mi resguardo mi fe
mi guía
mi aliento
y mi protección

siempre será poco lo que
pueda darte porque
mi alma te debe la vida
mamá.

27.

nacemos nos criamos crecemos
con apegos
nos acostumbramos a tomar
posesión y ser poseídos

desapegarse
es el proceso de aceptación
y reconocimiento
de nuestro ser limitado

nos transforma en esencia
nos alinea a la energía universal
el amor sin apegos
nos enfoca en el verdadero propósito

nos hace libres.

28.

                sólo tenemos un par de
                ojos para observar
                nuestro camino

                si miramos para atrás
                bloqueamos la visión
                del presente

                en el aquí y ahora
                están todas las bendiciones.

29.
No permitas que el miedo te domine.
Transitar es transformarse.
Transformarse duele,
pero el dolor sostenido por el amor se vuelve
imperceptible.

30.

                sano karma
                negativo
                creo karma
                positivo.

31.
La sanación no busca un objetivo puntual.
Es integral.
Llega de modos insospechados.
La clave es estar receptivos para aceptarla.
No podemos exigirla ni demandarla.
Debemos dejar de lado las expectativas para darle la
bienvenida.

32.

a veces soltar
significa dejar de exigir al otro
la reciprocidad por todo
lo que le hemos dado

dar sin expectativas
el amor
siempre

nos regresa de la mano
del alma menos pensada
allí está como lo
hemos pactado

seamos receptivos
para superar el miedo

vivir en calma
dar tiempo al tiempo

reconocer que en el presente
está el único momento.

33.

ni casualidad
ni causalidad
merecimiento.

34.

simple
no quiere
decir
fácil.

35.

creemos que damos la vida
y ellos nos la dan a nosotros
creemos que asistimos a alguien
y ese alguien es quien nos ayuda
definiendo nuestro propósito
con su existencia

creemos salvar la vida a otro
y es ese otro el que nos rescata
porque no hay cuidado
no hay vivencia
no hay experiencia que transitemos
que no nos ilumine
en el camino compartido de la vida

no hay intercambio
que no nos haga fluir a la luz
desde nuestra propia oscuridad.

36.

lágrimas en velas partidas
dejar ir

nunca estamos solos
ellos están siempre
a nuestro lado.

37.

es posible
mirarse a los ojos
aunque
no estemos
en el mismo sitio.

38.

siembra semillas
de amor
y de libertad.

39.

nos nombramos sujetos
sujetamos y atamos
personas
ideas
pensamientos
emociones

desatar desanudar
y luego
soltar
fluir libres es vivir
libertad es vida.

40.

concentrar limitar
sujetar apegar

canalizar expandir soltar
desapegar

zona negativa que nos bloquea
zona positiva que abre caminos.

41.

vivir aquí y ahora
vivir sin expectativa

no hay otro tiempo
ni un después
todo sucede
en el ahora

dejar de preguntar por del futuro
reducir
la ansiedad de la espera.

42.

el amor de nuestros
ángeles guardianes
es tan infinito como
el sonido de las olas del mar
no estamos solos.

43.

digo diciembre
y te abrazo
porque los nuevos comienzos
exigen despedidas
mientras giramos la llave
se abre el sendero
el sol alivia
curando las heridas de ayer.

44.

dar sin contar
que el amor
inspire todas
tus acciones.

45.

liberar la mente
escuchar la emoción
clarificar el sentimiento
desatar la garganta

dejar fluir las palabras
cuando el corazón
sale por la boca
construye realidades.

46.
Felicidad es compartir desde y con amor.

47.

valor
para quitar la venda de nuestros ojos

valentía
para enfrentar la realidad

equilibrio
para avanzar en grises

las mejores decisiones
equilibran los extremos

la vida
no es blanco no es negro

deambulamos entre luces y sombras.

48.

escuchar otras campanas
no es tener que vibrar
con ellas

clarificar nuestras convicciones
dejar fluir
la intuición

fortaleza sabiduría
entendimiento firmeza
sostener las diferencias
es vivir con tolerancia.

49.
ojalá nunca nos
cansemos de hablar
y exponer lo evidente
lo concreto
la delgada línea entre
la intimidad y el atropello

la voluntad
el consentimiento
la libertad
que sean nuestros
pilares

el respeto por la vida.

50.
en esta hermosa noche
escucha las armonías celestiales.

51.
la mejor versión de uno mismo
está en ver con claridad
y ejercer nuestro
libre albedrío.

52.
Luchar es vencer.

53.
bajo el mismo cielo
podemos
reencontrarnos
atravesando
el tiempo y el espacio.

54.
El amor es un puente.

55.

cuando sople el viento
verás con claridad
que hay una estrella
para ti detrás de todo
lo que nubla tu pensamiento
y opaca tus emociones.

56.

coronada eres
en tus sueños nuestros sueños
florecen

todos nuestros ángeles
te cuidan
la mejor de las vidas
que seas muy feliz

salve Regina.

57.

lo que atraemos
no es lo que queremos
es lo que somos
conectando con nuestra esencia

veremos caer
bendiciones
el amor en todas
sus formas.

58.

el universo dice
el tren pasa rápido
y furioso una sola vez

no se detiene

ya tuviste un año
de reflexión para decidirlo

que saltes con fuerza
al vagón
de la iniciativa

donde quiera que estés.

59.

el amor se manifiesta
del modo menos pensado
cuando conectas
con tu intuición.

60.

el alma es el motor
de la vida
el amor su combustible

si te detiene no es amor
es apego

el amor libera empuja
construye
crea.

61.
Vivir es transitar.

62.

cuando una relación se vuelve tóxica
es necesario transmutar
hacer que la energía fluya
porque donde hay negatividad
está en nosotros
manifestar el amor
y que la oscuridad
se vuelva luz.

63.

¿qué son las relaciones tóxicas?
uno mismo negándose
la libertad de manifestar
amor en su vida.

64.

¿cómo manifiesto el amor en mi vida?
soy libre de emitir
vibraciones positivas
al universo y sanar
la negatividad

libero mi karma
y dejo fluir
la energía vital.

65.

¿con qué práctica puedo hacerlo?
Reiki
ilumina tus relaciones
conecta con la energía vital

66.

estoy
dónde y cuándo
tengo que estar
porque
hay algo que aprender
aquí y ahora.

67.

hasta luego
que la vida es transitar
un rato nomás
y nunca es adiós
hasta siempre.

68.

vemos en los demás
nuestras propias carencias
antes de juzgar al otro
recuerda que es tu propio
espejo.

69.

enviar amor a distancia
sanación con Reiki
es establecer un puente
entre el tiempo
y el espacio.

70.

el amor tiene
manifestaciones
insospechadas
no dudemos que es amor
cuando es amor
es fortaleza
es ilimitado
es infinito.

71.

la verdadera
fuerza del amor
no domina los instintos
los ilumina.

72.

transforma tus sueños
en metas
y ve tras ellos
con determinación.

73.

brilla por siempre
que nada opaque
tu brillo.

74.

Los grandes errores se compensan corrigiendo desvíos.
No somos perfectos porque somos humanos,
pero porque somos humanos podemos
siempre optar por seguir adelante sin victimizarnos.
Vivenciar el cierre de ciclo
para enfrentar un nuevo comienzo.

75.

transforma
vive
sana
y vuelve a conectar.

76.

nunca hay sólo una oportunidad
el número de oportunidades
es igual al número de estrellas
en el cielo.

77.

el verdadero maestro espiritual
es quien inspira
no quien instruye

busca la inspiración
y alcanzarás el verdadero
conocimiento de tu ser.

78.

por esas distancias
que acercan.

79.

por esos momentos en los que
el amor nos hace conectar
a través de un otro
con nosotros mismos.

80.

abrazar
lo que nos molesta del otro
para reconciliarnos
con nosotros mismos.

81.

aceptar
perdonar y perdonarse
aprender
dejar ir
recomenzar.

82.

por el despertar
liberador de apegos.

83.

por el amor que trasciende
y no permanece
por el que se mueve
expande
atraviesa e inunda
todo lo que abarca
con su luz.

84.

si un camino se corta
es porque tenemos
que caminar por otro
agradecer y continuar.

85.

por la sonrisa de los niños
que nos reconectan
con la pureza e inocencia
de nuestra alma.

86.

> por las reglas y estructuras obsoletas
> que quebramos con la fuerza del amor.

87.

> por el poder de manifestación
> de nuestra luz interior.

88.

> conectar es
> celebrar la vida.

89.

> por los amigos que van
> por los amigos que vienen
> por los que van y vienen
> por el reencuentro de las almas afines
> por su reconocimiento y unión
> por todos los que
> nos enseñan que la amistad
> es pensarse con amor
> intención y manifestación de compañía
> aprendizaje mutuo
> hoy
> meditemos en
> la energía de amistad
> por los siglos de los siglos.

90.

> agradecer es la mejor forma de pedir.

91.

Red de amor.
Reiki se expande.
Reiki a distancia.
Reiki
es conectar con la abundancia del universo.
Reiki es gratitud.

92.

la cara más brillante
de la moneda es la manipulación
no todo lo que reluce es oro
ni todo lo que se expande es luz
escuchar nuestra propia
alma y dejarse guiar
por la conexión divina.

93.

por el discernimiento

no es lo mismo
prudencia
que ocultamiento

la aceptación
del otro y de uno
mismo implica el
no juzgamiento

espejarse
correrse de la ambición a tiempo

el poder de las sombras
radica en la intención
oscura de confundir
luz con brillo

la vida muestra
que siempre
estamos a tiempo
de aprender y sanar

soltar

evitarnos más daño
y continuar.

Facundo

La luz de mi alma.

La fuerza de mis días.

Mi sol.

Mi león valiente y bravío.

Amor en máxima potencia.

Mi aquí y ahora.

Mi presente sin fin.

La prueba más evidente de que todo es paciencia y al fin llega la vida.

Quién iba a decirme que en mi propia sombra estaría la auténtica felicidad.

Por la manifestación de tus sueños y deseos.

Por el amor responsable y verdadero.

Por el cachorro que me convirtió en leona.

Por la unión de almas de este pacto infinito.

Porque sólo vos sabés por qué me elegiste para cuidarte y defenderte.

Porque sólo yo sé que me nombraste mamá para llevarme siempre de la mano y mostrarme el verdadero camino.

A pesar de todos los errores, mis errores y nuestros desencuentros, hoy te escribo, hijo mío sin dudar que algún día lo entenderás.

Todo deja un aprendizaje y por eso estamos juntos.

Transitando juntos,

somos familia.

Te amo hijo.

Agradecimientos

a los que están y a los que no
a los que pasan y a los que se quedan
a los que clavan espadas con su sinceridad
a los que contagian energía positiva con sus bromas
a los que brindan su copa sin miedo a derramar emociones
a los que saben que los afectos se construyen aunque a veces de miedo
a los que portan sus bastos para recordarme que la lucha nunca acaba y que siempre hay una luz de esperanza
a los que van
a los que vienen
a los que van y vienen
a los que saben que algo no está bien e igual se acercan
a los que saben que algo no está bien e igual se alejan
a los que hablan
a los que callan
a los que en tiempo divino renacerán de las cenizas y vivirán por siempre en mi corazón.

Gracias por estar en mi camino para guiarme, apoyarme, sostenerme e iluminarme. Gracias por haber acompañado el desarrollo de mis escritos, la publicación en línea y la concreción de esta publicación compilada en un libro.

Este escrito poético-espiritual busca ser una expresión artística personal lejos de cualquier dogmatismo, enseñanza o registro de verdad única.

Cada palabra, gesto y frase que se plasma en los textos, ha sido manifestada por la guía del amor desde siempre y para siempre.

desde el alma
las palabras se sueltan al viento
y hoy descansan en paz.

por la vuelta

brindo

por esos momentos
en que la vida te regala
un guiño para que demuestres que podés ser paciente

por esos momentos
en que la vida te regala
un gesto para que demuestres que podés ser valiente

por esos momentos
que la vida nos dice
que sólo es un momento

te regalo
un beso al viento y una caricia

una copa rota
y
todas las lágrimas que por vos derramé

para que esta distancia sane mi alma
mientras
espero.

Sole Sanjurjo